MANAGEZ VOTRE TEMPS ET VOS PRIORITÉS

Division de la société Reed Business Information

2, rue Maurice-Hartmann,

93133 Issy-les-Moulineaux cedex

www.esf-editeur.fr

ISBN 2 7101 1723 1

ISSN 1146-5778

COLLECTION GUIDES PRATIQUES DE LA CEGOS
dirigée par Jean-Louis Muller

Anne Launay-Duhautbout
Jean-Louis Muller
Jean-Pierre Testa

MANAGEZ VOTRE TEMPS ET VOS PRIORITÉS

esf EDITEUR

cegos

Des mêmes auteurs

Ouvrages de Jean-Louis Muller

Chez ESF éditeur

– *La qualité totale*, en collaboration avec Bénédicte Gautier (épuisé).

– *De l'analyse transactionnelle à l'action transactionnelle*, en collaboration avec Gilda Derouet et Claudine Catry, 1998.

– *Exercer son autorité avec diplomatie*, en collaboration avec Claudine Catry, 1998.

– *La PNL avec les mots de tous les jours*, en collaboration avec Antoine Pina, Alain Duluc et Frédéric Vendeuvre, 1999.

– *Développement durable – Pour une entreprise responsable et compétitive*, en collaboration avec Octave Gélinier, Claude Billard et François Xavier Simon, 2002.

– *Motiver aujourd'hui : c'est possible*, en collaboration avec Nathalie Esnault et Olivier Carré, 2003.

– *La systémique avec les mots de tous les jours*, en collaboration avec François Balta, 2004

– *Les nouveaux styles de management*, 2004.

Aux Éditions d'Organisation

– *Fonctions et rôles de la maîtrise* (épuisé).

– *Managers, pourquoi faire compliqué quand on peut faire simple ?* (épuisé).

– *De l'expression des salariés à la stratégie de l'entreprise*, en collaboration avec Francis Jacq (épuisé).

– *Le pouvoir dans les relations quotidiennes.*

– *La guerre du temps*, en collaboration avec Christian Maige.

Au Cercle de la Librairie

– *Le management du personnel en bibliothèques*, coauteur avec Joëlle Muller.

Chez Masson

– *Management hospitalier, un nouvel exercice du pouvoir*, coauteur avec Marie France Burckel.

Ouvrages de Jean-Pierre Testa chez ESF éditeur

– *Animer et diriger une équipe*, en collaboration avec Monique Selles, 1999.

– *Réussir dans ses nouvelles responsabilités – mode d'emploi* ; en collaboration avec Bruno Barjou, Annick Cohen et Jacques Isoré, coll. Formation permanente, 2003.

Collection « Guides pratiques de la Cegos »

Toutes les entreprises du secteur privé ou public sont obligées de se réinventer dans leurs organisations et leurs modes de fonctionnement. Ces changements sont de plus en plus fréquents et les périodes de stabilité entre deux changements sont de plus en plus courtes.

De nombreuses actions de formation sont engagées pour permettre aux collaborateurs de ces entreprises, de l'employé au dirigeant, du technicien au commercial, de s'adapter à ces évolutions et de développer leurs compétences. Concevoir des ouvrages de référence qui permettent de conforter et de renouveler les connaissances acquises, tel est l'objectif de cette collection animée par Jean-Louis Muller, directeur à la Cegos, l'un des principaux cabinets de conseil et leader européen de la formation continue.

Conçu et réalisé par des praticiens de la formation, s'appuyant sur l'apport concret de fructueux échanges avec les participants au cours de nombreux stages, chaque « Guide pratique de la Cegos » traite avec clarté, précision et rigueur, les techniques incontournables pour actualiser et consolider ses compétences.

* * *

Voir en fin d'ouvrage la liste des titres parus,
également disponibles sur notre site www.esf-editeur.fr

SOMMAIRE

INTRODUCTION

Les clients exigent un traitement hautement privilégié et immédiat de leurs attentes et de leurs problèmes. La concurrence est exacerbée, y compris pour les entreprises du secteur public. L'offre est pléthorique, les produits et les services se démodent de plus en plus vite.

Les entreprises accélèrent et rendent de plus en plus réactifs les processus de recherche, d'innovation, de production, de communication et de commercialisation. La production de masse génère une société « d'hyper choix » pour les clients solvables. Le centre de gravité des entreprises est passé, en moins de dix ans, du produit au client. Le temps des entreprises dont l'excellence reposait sur l'organisation interne est en voie de disparition. La réactivité et la proactivité à mettre en œuvre pour anticiper les demandes du marché entraînent les hommes et les organisations vers plus de souplesse, plus d'adaptation et plus de coopération.

Les horaires traditionnels de travail explosent, le service 24 heures sur 24 devient la norme. Les temps sacrés sont transgressés. La vitesse, les situations urgentissimes, la réactivité sont autant de sources de stress. De nombreux acteurs, sûrement vous, nos lecteurs, ont l'impression qu'il faudrait travailler nuit et jour pour atteindre leurs objectifs.

Paradoxalement, depuis le début du XXe siècle, la durée du travail tend à diminuer dans les pays de l'Occident démocratique, alors que les temps de non-travail, scolarité et retraite, augmentent. Cette tendance est parfois accélérée par des revendications, des conflits, des négociations ou des lois, comme c'est le cas en France avec la loi « Aubry » sur les 35 heures. Nous sommes amenés à satisfaire nos objectifs et à nous organiser en temps réduit. Les managers doivent trouver localement de nouveaux ajustements pour trouver des gisements de compétitivité.

Dans ce nouveau contexte, les méthodes et les outils de gestion du temps qui visaient à « gagner du temps » rencontrent leurs limites. Dans la société de l'information, le chronomètre n'est plus le seul outil de mesure du temps. Il convient aussi de se préoccuper de la densité, de l'intensité et du sens du temps.

Dans un environnement où le présent immédiat s'impose et où l'accent est mis sur les résultats immédiats, il peut être dangereux de « sauter des étapes », tels que les rituels relationnels, les moments de réflexion et d'adaptation, les leçons de l'expérience, l'appropriation des nouvelles idées et méthodes, la coopération avec ses collègues…

Celles et ceux, de plus en plus nombreux, qui utilisent les technologies de l'information, vivent, s'ils n'y prennent pas garde, une fragmentation de leur temps. En fin de journée et de semaine, certains nous disent qu'ils se sont démenés sans traiter leurs missions essentielles. La pression de leurs interlocuteurs engendre chez eux un sentiment de panique.

Gardons à l'esprit que l'urgence est un concept médical et propre aux situations catastrophiques. Se mettre en « état d'urgence permanent » dans la vie professionnelle relève d'une banalisation du concept d'urgence.

L'activisme forcené, suscité par l'environnement, n'existerait pas si ses « victimes » n'y trouvaient pas quelques avantages : griserie de l'action, se croire utile et important, être un héros tel Zorro ou Superman… Mais à force de s'activer et de faire des prouesses quotidiennes, certains deviennent des drogués du temps et sont « en manque » dans les moments de repos, de loisirs ou de réflexion. D'autres ne savent plus tisser et consolider des relations amicales et amoureuses.

Les bonnes règles de gestion du temps telles qu'elles étaient enseignées dans la société industrielle puis post-industrielle font certes gagner des minutes, optimisent l'organisation, mettent de l'ordre dans l'agenda, etc. Mais les démarches planifiées, même si elles continuent à séduire les plus rationalistes d'entre nous, se révèlent inefficientes dans cet univers complexe et mouvant qui est le nôtre aujourd'hui.

Ce que nous avons cru être des problèmes de temps sont en fait des problèmes de choix et, en particulier, le choix d'un nombre restreint de buts essentiels.

Nous vous invitons, avec ce guide pratique, non plus à gérer votre temps, mais à jouer et improviser avec lui, de manière à ce que vous choisissiez de réaliser ce qui est essentiel pour vous, en prenant en compte vos contraintes et ressources professionnelles, sociales et personnelles.

À cette fin, la structure du livre est la suivante.

1. Savoir et pourtant ne pas faire

Nombreux sont nos lecteurs qui connaissent des méthodes éprouvées de gestion du temps et ne les appliquent pas. Tout se passe comme si ceux qui se plaignent d'être débordés et les « techno-stressés » trouvaient des avantages à mal gérer leur temps.

Ce chapitre, à partir d'exemples réels, décrit les avantages à mal utiliser son temps : avantages sociaux, psychologiques, biologiques et existentiels.

Nous offrons des pistes pour mieux utiliser son temps et conserver ces avantages auxquels chacun tient.

2. Les pièges de l'instantanéité

Ce chapitre aborde la problématique des TIC[1] qui sont à la fois de puissants accélérateurs de productivité, mais aussi de nouvelles chaînes. Nous proposons des solutions pour profiter au maximum de ces techniques tout en sachant s'en « débrancher » pour réfléchir, anticiper l'avenir et innover.

Nous proposons de penser le temps autrement pour mieux le gérer. Au lieu de fonctionner en durée (« une heure égale une heure »), nous nous intéressons au contenu de chaque séquence temporelle. Nous présentons 7 variables du temps qu'il convient d'optimiser pour être à la fois serein et efficace : fatigue physique, charge mentale, stress, risque relationnel, plaisir, efficience probable, capitalisation collective. Être le stratège de son temps consiste à choisir et à profiter des moments opportuns et non pas subir la chronologie des événements.

3. De la gestion du temps au leadership de son temps

Certes, une dose de réactivité peut être utile dans un univers où les clients internes et externes veulent « tout! tout de suite! »... Mais cela comporte des risques. Subir le temps, les rythmes des autres, les événements impromptus, les urgences, conduit à rester éternellement réactif. Avec ce chapitre, nous aidons le lecteur à se reprendre en main et à être l'acteur de sa propre vie. L'argument du manque de temps est parfois un bon prétexte pour ne pas faire de choix et se dire, « c'est de la faute des autres ». Le leader de son temps se donne des marges de manœuvre au service de ses projets. Il sait aligner ses priorités : professionnelles, personnelles, familiales et sociales. L'alignement consiste à dépasser les incompatibilités en se dotant d'un projet de vie plus global.

1. Technologies de l'information et de la communication.

4. Faire du temps son allié

La gestion du temps est en fin de compte un leurre. Ce n'est pas le temps que l'on gère, mais soi dans sa vie. Ce chapitre offre aux lecteurs des clés de réflexion et d'action pour intégrer la logique de la vie dans leur fonctionnement au quotidien vis-à-vis du temps et passer ainsi véritablement du « subir » au « choisir » : plutôt que de réagir en automate face au temps, il s'agit de créer en stratège sa vie et donc son temps. Maintenir cet équilibre fragile passe par soi et consiste alors à judicieusement investir son effort afin de revisiter régulièrement ses habitudes.

5. Emploi du temps

Plus que des recettes, ce chapitre décrit des méthodes utiles pour traiter au mieux les temps subis et surtout décider en fonction de ses propres choix.

Pour trier essentiel, priorité et urgences : les sphères de vie ; la fusée des finalités ; les coefficients multiplicateurs ; la mission « minute ».

Pour planifier et anticiper les événements : le contexte spécifique précis ; la permutation dans le temps ; les rendez-vous avec soi-même ; les états désirés.

Pour optimiser les temps relationnels : les paquets de 90 minutes ; les entretiens d'affaires courantes ; les « espaces objectifs » ; l'ingénierie concourante « mammifère ».

Pour gérer son stress : la distanciation ; le ralentissement ; les questions impertinentes ; les méthodes « je ».

6. Les styles de temps

Les lecteurs sont invités à passer un autodiagnostic de leurs styles de temps et de découvrir les compatibilités et les incompatibilités de leurs styles avec leurs activités professionnelles. Un tableau de caractéristiques de chaque style permet d'en comprendre la substance.

1
SAVOIR ET POURTANT NE PAS FAIRE

Les méthodes et outils de gestion du temps et des priorités ont été déployés depuis plus de cinquante ans. Des listes de bonnes pratiques sont diffusées dans des revues et sur Internet. Nos clients déclarent savoir ce qu'il convient de faire pour gérer leur temps. Et pourtant, la demande de formation et de coaching n'a jamais été aussi forte, tant du point de vue des salariés que des employeurs. Les solutions théoriques et méthodologiques, fondées sur le « bon sens », s'écrasent sur un mur de résistances. Tout se passe comme si les intéressés, tout en se plaignant de leur inefficacité, voulaient conserver, hors de leur conscience claire et raisonnée, des avantages actuels plus intéressants que les bénéfices probables à mieux gérer leur temps.

Ce phénomène n'est pas exclusif au temps, il s'applique dans de nombreuses conduites d'addiction. Par exemple, tel fumeur qui, au moment d'allumer sa cigarette, se dit : « C'est mauvais pour ma santé » et pourtant persiste. Tel autre personnage, se plaignant de son embonpoint, connaissant par cœur le tableau des calories, et qui pourtant reprend une part de fromage en affirmant, sur un air amusé, à ses convives : « C'est mauvais pour mon cholestérol. » Tel amateur d'eau-de-vie, connaissant les effets probables de sa consommation d'alcool (vomissements, maux de tête, conduite dangereuse, impuissance...), qui se sert une troisième mirabelle en se disant : « Je ne devrais pas dépasser cette limite. »

Chacun est informé, connaît les solutions, pourrait les appliquer et pourtant il répète une conduite qu'il sait néfaste pour lui et son entourage. Si ces comportements récurrents persistent, il est fort probable que les intéressés y trouvent des avantages. Pour certains, les avantages ou « bénéfices dits secondaires » d'une situation problématique sont tels qu'ils abandonnent rapidement la poursuite de leur objectif. D'autres changent radicalement de comportement lorsque les résultats d'une prise de sang ou d'une radio des poumons sont alarmants. D'autres enfin, anticipant des résultats inquiétants, ne prennent pas de rendez-vous pour une prise de sang ou une radio des poumons.

La voie du changement consiste à se poser la question : « Que puis-je faire d'autre, de meilleur pour moi, pour le groupe ou/et l'entreprise, qui tiendrait compte des avantages de la situation actuelle ? »

Revenons au temps et examinons les plaintes les plus fréquentes de nos clients. Lorsque nous percevons des signes de réticence aux solutions proposées nous leur posons deux questions : « Qu'est-ce qui vous empêche d'appliquer cette solution ? » et « Quels sont les avantages que vous tirez de ce que vous estimez être de la mauvaise gestion de votre temps ? ». Ces questions les surprennent de prime abord, mais lorsque nous les invitons à prendre un temps de réflexion et d'introspection, les réponses émergent. Remarquons au passage que le même comportement déclaré négatif produit des avantages différents selon les personnes. L'avantage est par essence subjectif.

Les 5 principales plaintes relatives au temps

Illustrons ces propos avec cinq exemples réels et emblématiques puisés lors de nos interventions.

Je passe un temps « fou » à traiter mes mails.

Je suis souvent interrompu de manière intempestive.

Mes horaires explosent, je rentre tard chez moi le soir.

Je vis en état d'urgence permanent.

Les projets ne se passent jamais comme prévu, des incidents surviennent au dernier moment.

Chacun de ces exemples est assorti d'un diagnostic de la situation, des solutions susceptibles d'améliorer la situation, des objections classiques à ces solutions et des avantages masqués à reproduire ces comportements inefficaces[1].

1. Les objections et les avantages cachés vont peut-être paraître outranciers. Nous attestons sur notre honneur que ce sont de vraies objections et avantages exprimés lors de nos séances de coaching et de nos interventions.

Je passe un temps « fou » à traiter mes mails

Diagnostic de la situation

Cette plainte laisse supposer que son auteur traite tous ses mails et qu'il passe probablement le même temps sur chacun de ses mails. Il se soumet certainement à la chronologie des événements ; en mode FIFO (« First in, first out »), traitant les mails par ordre d'arrivée, ou en mode LIFO (« Last in, first out »[2]), traitant d'abord les plus récents. Un chef de service qui raisonne en FIFO aura tendance à privilégier les demandes par ordre d'arrivée. Celui que raisonne en LIFO aura tendance à réagir selon celui qui a eu le dernier mot.

Mais la chronologie est trompeuse car les mails n'ont pas tous la même importance. Il se peut en effet que le 19e mail requière un traitement prioritaire alors que les 18 précédents ne sont que des informations subsidiaires. Le temps de traitement de ces 18 mails est gaspillé au regard de celui qu'il convient de consacrer à résoudre le problème ou la question prioritaires. L'ordre d'apparition chronologique des événements ne doit pas conditionner obligatoirement leur ordre de traitement, loin s'en faut. Il existe des événements importants, urgents, prioritaires, inutiles, trompeurs, catastrophiques, mineurs, etc.

Il serait donc inefficace de leur octroyer la même valeur. La généralisation, dans une entreprise, de ces deux méthodes est chronophage. En effet, rien n'indique que le temps de traitement d'un événement mineur est plus court que celui d'un événement majeur. La maîtrise du temps suppose que l'on ne se laisse pas entraîner par la chronologie, mais que nous soyons guidés par nos choix en fonction de nos objectifs.

Et plus l'enjeu à traiter est important, plus le stress est intense.

Solutions

La chronologie ne doit pas être le critère de choix de traitement des mails ; et ceci vaut pour tous les événements. La conception et l'application d'un système de tri a priori sont recommandées. Si possible, le tri s'opère automatiquement. Pour cela, la plupart des logiciels de traitement des mails offrent de nombreuses possibilités, en particulier un volet de visualisation partielle qui permet de lire les cinq premières phrases d'un message sans l'ouvrir.

---

2. FIFO : premier entré, premier traité. LIFO : dernier entré, premier traité. Ces deux approches se révèlent efficaces dans la gestion des stocks mais sont inopérantes en gestion du temps.

Tout d'abord, il convient d'éliminer, sans les lire, les messages indésirables, par exemple les spam, les mails provenant des émetteurs habitués à envoyer des messages futiles et inutiles et les annonces de type : « Les phares de la voiture X sont allumés dans le parking. » Le meilleur tri débute par la suppression d'un maximum de messages sans chercher à les archiver.

Les critères de tri sont par essence corrélés avec les priorités et les valeurs ajoutées attendues de votre fonction.

> *Par exemple, un ingénieur d'affaires affecte automatiquement des couleurs aux messages qu'il reçoit. Il programme en rouge les mails de ses clients et prospects, en bleu les messages dont il est le seul destinataire sans copie et en noir les messages adressés à plusieurs destinataires. Il commence par traiter les messages rouges, supposés avoir un impact sur les affaires commerciales. Il traite ensuite les messages bleus où il présume que l'émetteur attend sa réponse spécifique ou lui donne une information personnalisée. Il visualise enfin les messages noirs rapidement.*

Nos lecteurs auront compris que ce tri spécifique est une bonne pratique pour cet ingénieur d'affaires et qu'il convient d'adapter son système de tri à ses priorités.

La séquence de traitement des mails devrait se terminer idéalement par l'absence de messages dans la boîte de réception. Les messages encore inscrits encombrent l'esprit et donnent un goût d'inachevé.

Objections classiques

1) « Comment être couvert en cas de problème si je jette et n'archive pas des mails ? »

Les outils de communication et d'information sont de puissants moyens de productivité. Leur fabuleuse capacité de stockage a néanmoins généré des effets pervers et, en particulier, une inflation de dossiers archivés et en fin de compte oubliés sur les réseaux. L'abondance, voire la surabondance, de mails et de messages téléphoniques génère pour ceux qui s'y laissent prendre une montagne d'informations intraitables. Certes, des enjeux nécessitent un archivage, par exemple l'existence de risques majeurs, technologiques, économiques et juridiques. Dans ce cas, ils s'insèrent dans les priorités de la fonction et sont soumis à des procédures de traçabilité ou au principe de précaution. Il serait fort étonnant que tous les mails détiennent ce niveau d'enjeu.

Il en est de même avec les messages enregistrés dans la boîte vocale du téléphone portable. Le premier traitement est l'effacement des communications inutiles et futiles.

2) « Encore faut-il que je connaisse les priorités de ma fonction ! »

Il est temps de clarifier ou de faire clarifier par votre manager votre rôle et vos missions dans votre service ou votre entreprise. La finalité clarifie la mission et les valeurs attendues de l'équipe et de chacun de ses membres. Elles répondent à deux questions, au demeurant abruptes : « Pourquoi êtes-vous rémunérés ? » et : « Qu'est-ce qui manquerait si vos missions n'étaient pas assumées ? »

La mission est exprimée dans des termes globaux, universels et durables. Elle indique quelles sont les priorités et aide à choisir entre l'essentiel, l'important et l'urgent. Elle est assortie d'objectifs qualitatifs et quantitatifs.

> *Quatre verbes simples suffisent pour clarifier les domaines prioritaires de contributions : « s'assurer de », « assurer soi-même », « contribuer », « participer ».*

Attention à la demande trop précise en termes de tâches à effectuer car vous risquez alors de passer pour un collaborateur passif et peu autonome, posture déconsidérée de nos jours dans des entreprises prônant les initiatives et les responsabilités.

3) « Chez nous, le tri s'impose. Il faut impérativement répondre aux sollicitations des managers ! »

Si les sollicitations des managers sont effectivement prioritaires, génératrices de valeur ajoutée et de satisfaction des clients, ce tri est judicieux. Si ce n'est pas le cas, interrogez-vous sur vos priorités de vie et triez en conséquence. Vous pouvez choisir la tranquillité et le confort de l'obéissance et continuer à répondre, toutes affaires cessantes, aux messages du manager. Vous pouvez choisir la négociation en mettant en balance, preuves à l'appui, que vous avez préféré traiter d'abord un sujet créant de la valeur ajoutée économique et de la satisfaction des clients. Vous pouvez opter pour une attitude entrepreneuriale de type : « Je fais ce qui est bien pour l'entreprise et les clients, dans le cadre de ma mission et de mes objectifs. » Vous avez intérêt alors à dresser une liste de vos faits significatifs de performance afin d'anticiper les éventuelles remarques du manager.

En d'autres termes, lorsque les priorités d'une fonction ne sont pas clairement définies et lorsque les managers adoptent des attitudes arbitraires, il convient de se poser la question : « Quelles sont mes priorités de vie ? », et agir en conséquence[3].

---

3 Voir le chapitre 5 : « Emploi du temps ».

Avantages masqués à reproduire ce comportement

Se sentir important pour les autres

Tout en se plaignant du nombre de mails abondant, des cadres mesurent ainsi leur importance, en particulier si ces mails sont des questions ou des problèmes à résoudre. Lors de séminaires et de réunions, un nouveau jeu consiste à comparer le nombre de mails journaliers. Ceux qui annoncent des chiffres nettement inférieurs à la majorité sont traités avec compassion comme s'ils étaient « placardisés ».

Dans le même ordre d'idées, être acteur dans de nombreux réseaux internes et externes est une posture « moderne ». Dans ce cas, le nombre de mails, surtout s'il est composé de mails provenant d'autres unités de l'entreprise, de clients, d'universitaires, de journalistes..., procure un sentiment d'importance.

Maîtriser toute l'activité

Dans des entreprises de plus en plus organisées en réseaux transversaux, des managers craignent les courts-circuits et les initiatives « intempestives ». Ils demandent à leurs interlocuteurs, et en particulier leurs collaborateurs, de les « mettre en copie ». Ils ont ainsi l'illusion de tout savoir et de pouvoir agir au plus vite pour éviter les dérives. Mais pendant qu'ils lisent les copies de copies, les événements se produisent inexorablement.

Certains collaborateurs malicieux s'amusent à obéir « à la lettre » aux prescriptions centralisatrices de leurs managers en les inondant de détails. Plus ces managers veulent maîtriser l'activité, moins ils la maîtrisent dans les faits, noyés dans l'abondance de données.

Sentiment de « toute-puissance », j'inonde le réseau

Il est parfois enivrant de pouvoir envoyer des messages d'un bout à l'autre de la planète. Quel plaisir de faire connaître ses succès auprès du plus grand nombre de lecteurs !

S'occuper pour éviter de traiter une priorité difficile ou désagréable

L'écran de l'ordinateur, le « surf » sur Internet et le traitement des mails sont autant de sirènes pouvant détourner notre attention. Les réseaux aujourd'hui ont une taille telle que l'on peut s'y perdre. Le traitement des mails sert d'échappatoire. C'est une bonne raison de ne pas affronter des problèmes dans le service ou l'atelier.

Je suis souvent interrompu de manière intempestive

Diagnostic de la situation

Cette récrimination est souvent la conséquence de plusieurs situations caractéristiques. La première est liée à l'espace de travail, et en particulier les « open space » où plusieurs collaborateurs se côtoient en permanence. Il est tentant de demander un service, de poser une question à un collègue, voire de lui raconter une blague ou une rumeur, sans vérifier s'il travaille sur un dossier important. Le téléphone et les mails sont aussi de puissants interrupteurs.

De nombreux cadres bénéficiant d'un bureau pratiquent une politique de porte ouverte et sont sollicités en permanence par des collaborateurs, des collègues et leur chef. Ils traitent alors leurs dossiers tôt le matin, tard le soir, ou pendant le week-end.

Nous sommes parfois notre propre interrupteur. Des attitudes et des regards signifient pour les autres : « Interrompez-moi, je suis à votre entière disposition. »

> *Il existe une loi inexorable : « Le temps perdu à cause d'une interruption est plus long que la durée de cette interruption. »*

Une activité peut être interrompue, pas le temps. Tout serait facile si une interruption, survenant au cours d'une activité, ne consommait que le temps de cet arrêt. Mais nous avons tous besoin de nous échauffer avant de parvenir à nouveau à l'efficience de l'activité momentanément stoppée. Une interruption de cinq minutes consomme donc les cinq minutes d'arrêt et plusieurs minutes de reprise. Le temps perdu est l'addition des périodes successives d'interruption et d'échauffement. De surcroît s'ajoute le temps passé à se « droguer » pendant les interruptions : fumer une cigarette, boire un verre d'eau, de café ou tout autre breuvage, discuter avec ses collègues, prendre l'air, classer des documents, etc. La petite interruption de cinq minutes se transforme alors en arrêt d'une heure, voire en blocage intempestif et définitif de l'activité entamée.

Cette même loi s'applique à chaque fois qu'une tâche ou un problème à traiter passe d'un service de l'entreprise à un autre service. Les frontières entre les services font alors office d'interruption.

Prenons l'exemple d'une pièce de machine à laver le linge au cours d'un processus « normal et classique ». Le dessinateur conçoit une pièce. Il passe ensuite son travail à un spécialiste du calcul des coûts qui chiffre les différents composants. Ce chiffrage étant réalisé, un acheteur rédige un appel d'offres. Les interruptions successives dégradent le temps complet de réalisation. Pour contourner cette loi, il serait plus judicieux que le concepteur établisse lui-même le devis et négocie l'achat des composants avec les fournisseurs. On peut imaginer, à la rigueur, que les trois protagonistes soient réunis dans le même service lorsque la contribution de chacun est particulièrement complexe. Ces constatations sur les pertes de temps dans les « entre » conduit de nombreuses directions à mettre en œuvre des plates-formes pluridisciplinaires pour mener et réaliser des projets stratégiques.

Solutions

Sans protection, chaque journée est scandée par des interruptions plus ou moins justifiées qui, à terme, deviennent toutes intempestives. Sauf pour les personnes dont le travail quotidien est le traitement des urgences, il est judicieux de compter le temps des interruptions impromptues journalières sur trois semaines.

Si, par exemple, votre moyenne journalière est de 75 minutes, sélectionnez sur votre agenda papier ou électronique une plage journalière de 75 minutes nommée « événements aléatoires et imprévus » et informez votre entourage professionnel.

Cette méthode produit au moins deux effets bénéfiques. Vous gérez mieux votre temps en agissant plutôt qu'en subissant et vous aidez les autres à mieux gérer le leur.

Par exemple, un mardi, vous avez programmé une séquence de 15 heures à 16 heures 15. Les collègues, collaborateurs et manager qui veulent vous voir à l'improviste savent qu'ils peuvent vous déranger pendant cette séquence. Si un interlocuteur qui ne connaît pas votre agenda vous appelle à 11 heures, vous pouvez lui promettre de le rappeler à 15h30.

Avec de la pratique, vous serez en mesure de programmer dès le lundi matin les interruptions de la semaine.

Cette anticipation étant établie, il convient d'exercer « l'art du refus » qui consiste à dire « non » à la demande en disant « oui » à la personne. Trois écueils guettent l'interrompu s'il n'y prend garde. Le premier est la « fuite » : « Oui, je suis à vous tout de suite. » Le second est la « fermeture totale » : « Vous ne voyez donc pas que vous êtes en train de me déranger ? » La troisième est la « manipulation » : « Mon cher ami, comme le disait Talleyrand : quand c'est urgent, c'est déjà trop tard ! »

L'art du refus est une série de variations autour de phrases telles que : « Je suis désolé, je suis pris en ce moment sur un dossier important », « Le service que vous me demandez suppose que je laisse tomber cette tâche prioritaire », « Je travaille en ce moment pour tel client, passez me voir dans deux heures »... Si vous n'arrivez pas à dire « non » sur le champ, différez votre « oui ».

Objections classiques

1) « C'est l'autre qui impose l'interruption, je la subis ! »

L'objection qui surgit d'emblée consiste à penser que l'interruption est par essence initiée par autrui et ne peut donc pas être maîtrisable par soi. Un collaborateur, client, collègue et manager « sous urgence », n'écoutant que son besoin et mu par une impulsion immédiate, s'immisce brusquement dans le bureau, la messagerie électronique ou le téléphone. Rien ne peut l'en empêcher.

Il est vrai que les comportements perdurent si on les laisse perdurer. Les interlocuteurs que l'on a laissé faire sans rien leur signaler se révèlent tyranniques, tels des enfants gâtés qui exigent tout, tout de suite.

> *Pour agir au lieu de subir, nous vous conseillons de saluer tous vos collègues le matin afin qu'ils ne viennent pas le faire en ordre dispersé et d'appeler vous-même au téléphone plutôt que de vous faire appeler. Vous pouvez d'ailleurs regrouper ces appels téléphoniques.*

2) « Je risque de passer pour un être froid et distant »

Les entreprises favorisent aujourd'hui une culture et des pratiques de coopération pour innover plus vite, résoudre des problèmes complexes, optimiser les ressources et servir au mieux les clients et les usagers. Il est de bon ton d'être ouvert aux autres, souriant, affable. L'esprit d'équipe est l'un des paramètres de la compétitivité. Ceci étant dit, l'entente à tout prix génère des « consensus mous » et de la conformité.

3) « Il faut aider son prochain dans une situation difficile »

Les interruptions sont souvent des demandes d'aide plus ou moins explicites. Ces suppliques réveillent la pulsion de solidarité et de don. Intention noble mais qui conforte les autres dans leur incapacité à résoudre par eux-mêmes leurs problèmes et exacerbe le sentiment de toute-puissance de l'interrompu.

Avantages masqués à reproduire ce comportement

Vouloir faire plaisir à tout prix

La civilisation judéo-chrétienne produit des valeurs où il est important d'être gentil avec tout le monde et d'accepter les demandes d'autrui. Il faut éviter les heurts et les conflits avec les autres. Ces valeurs fondent l'éthique de l'homme ou de la femme de bien. Prises à la lettre et érigées au rang de croyances intangibles, elles se muent en leurre : « Tu vas pouvoir faire plaisir à tout le monde. Tu vas pouvoir être aimé de tous. » Les personnes sous l'influence de ce message sont particulièrement vigilantes aux désirs de l'autre et parfois les devancent. C'est à ce titre que l'on dit d'elles qu'elles sont télépathes. Incapables de supporter les conflits ou la rancune d'une personne, elles ne peuvent dire non, même si, pour cela, elles se trouvent face à des difficultés complexes à résoudre. Bien entendu, elles sont repérées facilement dans un service et au sein de la famille. Ce sont toujours elles qui sont dérangées pour répondre aux demandes des collègues ou des proches. Elles passent leur temps à dépanner et à rendre service, quitte à travailler plus tard pour achever leur propre travail.

Il arrive également que les adeptes de cette croyance soient particulièrement envahissants, voire étouffants. Ils ont tellement le désir d'aider l'autre qu'il leur arrive de trop en faire et d'être rejetés.

Ils sont parfois incapables de formuler des demandes personnelles et peuvent souffrir du manque d'écoute à leur égard.

Sous l'influence de ce message, les émotions et sentiments sont souvent exacerbés : peur, voire angoisse de ne pas avoir plu ou d'avoir été contrariant, plaisir intense d'avoir rendu service, sensation d'être abandonné ou de ne pouvoir être compris.

Dans tous ces exemples, ce sont les autres qui orientent le sentiment et non la personne qui en est responsable.

> *Le désir de plaire et de satisfaire les autres apporte une grande flexibilité et la capacité à s'adapter très rapidement à un nouveau contexte.*

Tisser des relations et vivre des moments relationnels interrompant une corvée

Chaque interruption détourne des priorités et de la tâche à accomplir. Elle se révèle la plupart du temps contre-productive. Mais lorsque la priorité ou la tâche est vécue comme une corvée, l'interruption apporte un peu d'oxygène relationnel et des stimulations. Elle est une occasion d'échanger, de parler de sa vie, de ses malheurs et de ses bonheurs, de boire un café avec des collègues appréciés. Et tout cela avec un sentiment de bonne conscience puisque l'interrompu n'est pas le responsable de l'interruption.

Est-ce si sûr ? Même dans les bureaux paysagés, certains ne se laissent pas interrompre. Et si l'interrompu envoyait en fait des messages hors de sa conscience claire et raisonnée : « Je vous invite à m'interrompre » ? L'interruption est souvent pour celui-ci une opportunité de tisser des liens avec les autres.

Ouvrir et entretenir un livre de comptes

Celui ou celle qui se laisse interrompre rend le plus souvent un service à son interrupteur, voire même lui sauve la mise dans une situation inextricable. L'interrupteur, sauf s'il n'est pas éthique, peut alors se sentir redevable. C'est ce que croit l'interrompu. Il pourra à l'avenir rappeler le service rendu pour en solliciter un à son tour. L'interrompu entretient parfois jusqu'à la perversion un grand livre de comptes où s'accumulent des dettes.

Mes horaires explosent, je rentre tard chez moi le soir

Diagnostic de la situation

Les individus et les groupes s'organisent différemment en fonction du temps imparti pour réaliser une tâche ou un projet.

Si, pour un sujet donné, vous prévoyez une heure de réunion, le groupe entre directement dans le vif du sujet et ne s'encombre pas des temps de rituels de communication. Si, sur le même thème, vous organisez un séminaire de 3 jours, le sujet sera traité de manière plus approfondie qu'en une heure. Néanmoins, une partie non négligeable du temps alloué sera consacrée à des rituels, des pauses, des digressions, des affrontements et des négociations.

Il en va de même pour la détermination des objectifs à confier à un collaborateur. Quand vous donnez un objectif avec une échéance lointaine, par exemple 6 mois, à un collaborateur qui n'est pas habitué à travailler sur le long terme, ce dernier entreprend d'autres tâches en pensant : « J'ai le temps, je commencerai plus tard. »

Ce phénomène s'applique aussi pour les « bonnes résolutions » que nous prenons quelquefois, par exemple : « Je vais arrêter de fumer », ou « Je vais suivre un régime »... Ces objectifs, imprécis et sans échéance de résultats, sont soumis au fameux : « Je commencerai demain. »

Les échéances orientent nos activités en renforçant nos engagements. Quand vous promettez à un client : « Nous vous livrerons dans une semaine environ », vous induisez chez le client, mais aussi dans vos propres services, un flou qui démobilise. En revanche, quand vous promettez : « Nous vous livrerons mardi prochain à 16 heures », vous vous engagez mentalement à tenir cette promesse.

L'échéance est un facteur de motivation.

Cette loi s'applique sur les micro-temps relationnels.

> *Par exemple, vous sollicitez un entretien à votre responsable hiérarchique en lui annonçant : « Pouvez-vous me consacrer quelques instants ? J'ai des choses importantes à vous dire », vous prenez le risque, même en cas d'acceptation du responsable, de vous faire éconduire après 10 minutes. Votre responsable peut en effet « botter en touche » en prétextant un autre rendez-vous.*
>
> *En revanche, en demandant clairement : « Pouvez-vous me consacrer 20 minutes ? J'ai des choses importantes à vous dire », si votre manager accepte, il s'engage à vous consacrer ces 20 minutes. Sauf bien sûr s'il s'agit d'un pervers...*

Cette contractualisation a priori du temps de la séquence relationnelle vaut pour tout interlocuteur et pour toute relation sociale. Sauf en vacances et avec nos proches, car l'effet de la contractualisation temporelle est une forme de distanciation insupportable pour les personnes qui vous aiment et que vous aimez.

Solutions

Le dépassement des horaires est le plus souvent lié à l'absence d'horaires. Le travail se dilate jusqu'à occuper la totalité du temps disponible. En d'autres termes, si nous ne sommes pas fermes sur les heures et dates butoirs, nous ouvrons de fait un espace illimité d'excès.

Il convient de s'organiser comme si nous devions prendre un avion qui ne nous attend pas ou si nous devions arriver à l'heure à l'opéra sachant que les portes ferment au début du spectacle.

Les personnes qui se plaignent des dépassements intempestifs peuvent s'en prémunir en déterminant par avance le temps de chaque activité et en s'y tenant.

Par exemple :

– débuter la journée en se fixant comme objectif de quitter le bureau à une heure précise ;

– avant de rédiger un rapport ou une note, affecter un temps de réalisation ;
– fixer précisément l'heure de fin d'une réunion ;
– négocier par avance avec ses interlocuteurs la durée des temps relationnels et s'y tenir…

Celles et ceux qui connaissent leur tendance à transgresser les butées qu'ils se sont eux-mêmes fixées peuvent prendre de vrais engagements pour appuyer leur démarche. Par exemple :

– s'inscrire à une activité sportive ou culturelle en soirée. Notons au passage que les mères et les pères sachant que la crèche du nourrisson ferme à 19 heures ne débordent pas sur leurs échéances en fin de journée ;
– programmer un vrai entretien ou vraie réunion après celle que vous voulez réaliser dans le temps imparti.

Vous aurez compris en lisant ces conseils que toute transgression avec ses butées prédéterminées pourrait vous faire reprendre vos habitudes au dépassement.

De surcroît, l'échéance est une forme d'engagement. Lorsqu'un manager annonce : « Nous allons améliorer notre coopération », sans plus de précision, les collaborateurs savent qu'ils peuvent attendre longtemps. En revanche, s'il ajoute : « Nous allons mettre en œuvre ensemble un forum d'échanges sur intranet pour le 15 octobre », la date et la spécification de l'objectif signalent son engagement.

Il en va de même pour des échéances personnelles :

– je veux avoir perdu 5 kg dans 3 mois et maintenir ce poids pendant au moins 5 ans ;
– j'arrête de fumer le 1er octobre et je m'y tiens toute ma vie ;
– j'ai envie d'écrire un livre et je m'engage à rendre le manuscrit dans 9 mois, le 30 juin prochain…

Objections classiques

1) « On ne peut pas toujours prévoir avec précision le temps de réalisation d'une tâche ou d'un projet »

Oui, c'est vrai, en particulier lorsqu'il s'agit d'une tâche ou d'un projet jamais effectué auparavant. L'expérience permet d'évaluer des délais réalistes. Néanmoins, la solution qui consiste à affecter un budget temps à chaque activité, apparemment organisationnelle, est avant tout mentale. En effet, le délai imparti induit le fonctionnement de la pensée. Par exemple, si nous n'avions qu'une heure pour présenter ce livre, nous ferions une synthèse en 3 points principaux. Idem pour une journée de travail, un entretien, une tâche, un projet ou une réunion. Le temps dont nous disposons est une sorte de récipient que nous allons remplir au mieux. Avec ce principe, il est possible de diminuer de manière drastique les délais habituels.

Par exemple, de nombreux managers, suivant nos conseils, mettent en place des réunions très courtes debout « quick stand up meetings » en invitant leurs collaborateurs à résoudre un problème debout en un quart d'heure autour d'un tableau de papier. Auparavant, alors qu'ils organisaient des réunions de 2 heures sur les mêmes sujets, ils se plaignaient des retards de certains participants et des rituels relationnels induits par la disposition de tables et le fait d'être confortablement assis.

Enfin, sachons que, sans butée, nous remplissons le vide sans fin, au risque de nous poser cette question trop tard : « Qu'ai-je fait au juste de ma vie ? J'ai couru, j'ai déployé des efforts, j'ai vécu pour travailler… mais quel sens y ai-je trouvé ? »

2) « À force de tout baliser, il ne reste plus de place pour la créativité et l'improvisation »

Bien sûr, les échéances et durées précises sont de puissants facteurs d'organisation et de sécurisation. Elles constituent un système qui encadre, engage, clarifie, économise de l'énergie. En cela, elles permettent de libérer les talents. En effet, avec une bonne organisation temporelle, chacun s'assure un socle stable à partir duquel il peut créer et improviser. L'efficacité d'une entreprise, d'une unité et d'une personne réside dans une synergie entre un système et des talents. La plupart des individus débordés sont tellement fatigués et stressés qu'ils ne disposent plus d'énergie disponible pour créer et innover.

Il existe néanmoins des exceptions aux solutions suggérées ici. Par exemple, il est tout à fait envisageable de convoquer une réunion sur un sujet stratégique et de prévenir les participants qu'ils ne se quitteront que lorsqu'ils auront trouvé une solution acceptable par tous ; moyennant plateau-repas et salle de repos si nécessaire.

3) « Et si jamais un imprévu survient ? »

Il est vrai que le travail programmé n'affranchit pas des événements. Ce n'est pas parce que nous appliquons les techniques de gestion du temps que nous gérons parfaitement notre temps et nos priorités !

Comme dit le poète : « Nous construirons des jours à la mesure de nos rêves. » Il est vrai que l'avenir se construit avec des désirs, des buts, des objectifs et des plans d'action. Cela étant dit, l'avenir ne dépend pas exclusivement de nos décisions et de nos choix actuels. La programmation initie l'avenir qui contient une majeure partie d'imprévisible et d'impondérable. Vouloir résoudre cette contradiction en ne choisissant qu'un seul de ces termes nous conduit tout droit à la catastrophe. La programmation à outrance s'apparente à la bureaucratie lente, lourde et aveugle ; à l'inverse, le gouvernement au gré des événements est incompatible avec la pérennité de l'entreprise, l'efficacité du service et l'équilibre personnel.

Par exemple, si votre entreprise dépose le bilan alors que vous n'en êtes pas le dirigeant, vous subissez un événement douloureux et inquiétant en recevant une lettre de licenciement. Quels sont vos choix ?

Vous plaindre et vous lamenter, vous révolter, attendre qu'une assistante sociale s'occupe de vous, négocier des indemnités supplémentaires, réactiver votre réseau relationnel, vous inscrire à l'Apec, répondre à des annonces, contacter des « chasseurs de têtes », créer une entreprise, partir un an en voyage, écrire un livre, vous lancer dans des activités humanitaires...

Vous trouvez peut-être que, dans le contexte économique actuel, ces visions sont irréalistes mais, justement, grâce au traitement efficient des imprévus et des catastrophes, quelle que soit la situation, si dramatique soit-elle, nous avons un espace de liberté pour choisir des pistes d'action. En d'autres termes : « Maintenant que je sais qu'il m'est arrivé ceci, qu'est-ce que je décide de faire ? »

Exemples :
« Maintenant que je sais que j'ai perdu mon emploi, qu'est-ce que je veux faire de ma vie professionnelle ? »

« Maintenant que je sais que mes collaborateurs sont en désaccord avec moi, qu'allons-nous pouvoir faire ensemble pour arriver à un accord ? »

« Maintenant que je sais que le projet a 3 semaines de retard, comment contenir ce retard à 3 semaines ? »

« Maintenant que je sais que mes chances de promotion sont rares, que vais-je faire pour me motiver au travail ? »

« Maintenant que je sais que le contrat que nous négocions depuis 6 mois n'a pas abouti, qu'est-ce que je vais faire pour réamorcer d'autres contrats en conservant la motivation de l'équipe ? »...

4) « Des collaborateurs gèrent bien selon eux le temps de leurs journées et sont pourtant peu productifs »

La bonne gestion du temps n'est pas exclusivement synonyme d'efficacité. Certains collaborateurs gèrent en effet très bien leurs horaires, ne font aucune concession et donnent la priorité absolue à leur qualité de vie. En d'autres termes, l'échéance ne produit pas à elle seule des résultats, il convient de réfléchir et d'agir entre deux échéances ; sinon le temps bien géré est une coquille vide. Bien souvent, cette « bonne gestion du temps inefficace » est le symptôme de l'un ou de plusieurs problèmes, dysfonctions ou choix personnels :

– manque d'intérêt au travail ;

– le métier n'a pas de sens pour la personne ;

– sa vraie vie est ailleurs ;

– elle milite dans des associations caritatives, culturelles ou politiques ;

– elle rencontre de tels problèmes personnels qu'elle est obligée de respecter à la lettre des horaires prédéterminés : parent malade, trains à prendre tous les soirs pour un long trajet, enfants à récupérer, conjoint ou proche en prison ou à l'hôpital… ;

– elle manque d'énergie ou est dépressive ;

– personne ne lui a fait remarquer qu'elle pourrait s'impliquer au travail, en particulier son manager n'ose pas le lui dire…

Avantages masqués à reproduire ce comportement

Consolider une image de cadre « dynamique » et avoir le sentiment de contribuer à la réussite de son entreprise

Une opinion largement répandue est qu'un cadre « dynamique » et performant doit s'engager sans compter ses heures. Certains managers pensent qu'ils ne peuvent assumer complètement leurs missions que s'ils arrivent avant leurs collaborateurs et partent après eux. Cette attitude est aiguisée par un sentiment de culpabilité (« Je dois donner l'exemple ») et des croyances profondément ancrées dans la prime éducation : « Il faut beaucoup travailler pour réussir », « peut mieux faire », « encore des efforts ».

Ces croyances sont renforcées par l'entourage.

Par exemple, tel cadre travaillant chez lui en mode nomade, affligé par des rumeurs dans son quartier du type : « Il a perdu sa belle situation », « Il doit être au chômage », « Il triche avec les horaires ».

Montrer que l'on résiste à « l'avachissement » causé par les 35 heures

Éberlués par le dynamisme de l'économie américaine et la forte croissance de la Chine, de l'Inde et du Brésil, où aujourd'hui les salariés travaillent plus de temps qu'en Europe, certains craignent ou déplorent le déclin économique et social de l'Europe, et en particulier de la

France. La loi Aubry sur les 35 heures leur semble complètement contre-productive. Ils adoptent alors des comportements professionnels en accord avec leurs jugements sur les 35 heures. Ils pensent donner l'exemple et enrayer la décadence. Ils se montrent très distants avec les tendances sociales actuelles telles que le plaisir au travail, l'équilibre entre la vie professionnelle et privée, la désaffiliation avec son entreprise, etc.

Échapper à la solitude ou aux contraintes personnelles ou familiales

La relation au travail prend parfois des allures de toxicomanie, d'où le terme anglo-saxon, apparu dans les années 1980 « workaholic ». L'intensité et la durée de travail permettent de laisser ses soucis, voire ses anxiétés, au vestiaire. Par exemple, la vacuité de sa vie, l'absence de sens, les souvenirs douloureux, la solitude.

Il arrive parfois qu'une situation familiale mal vécue contribue à allonger ses journées de travail et à se déplacer souvent hors de chez soi : participation aux travaux ménagers, scènes de ménage, enfant en échec scolaire, proche handicapé, problèmes d'adolescence...

Et puis pour certains, les relations professionnelles sont plus plaisantes et intenses que les relations personnelles. La quotidienneté est pour eux synonyme de routine et d'ennui.

S'assurer un minimum de confort dans les transports en commun ou éviter les embouteillages

Les « heures de pointe » dans les zones urbaines entraînent des embouteillages gigantesques frôlant les 7 kilomètres à l'heure. Les bus et les métros ressemblent à des boîtes de sardines et des étuves. Partir avant et après les autres est une solution judicieuse pour éviter ces inconforts journaliers.

Je vis en état d'urgence permanent

Diagnostic de la situation

Lorsque les événements inopinés sont teintés de la couleur du danger, ils suscitent une atmosphère de fébrilité. L'urgent réveille en nous les besoins de faire face à l'adversité, d'être indispensable, de sauver les autres ou le système. Nous sommes, à des degrés divers, conditionnés par les stimulateurs de l'urgence que sont le téléphone, le mail, le mot « urgent » écrit en rouge sur un mémo, le responsable hiérarchique qui dit : « Venez dans mon bureau tout de suite, c'est urgent ! » Nous ressemblons alors au chien de Pavlov prisonnier d'un système répétitif « stimulus/réponse ». Il suffit qu'un mémo ou un appel téléphonique soit décrété urgent pour qu'il prenne valeur d'ordre.

> *Une personne qui ne sait pas fixer des priorités et des calendriers se laisse gouverner par chaque événement qui surgit. Quand l'important n'est pas clairement défini, elle traite les urgences, au fur à mesure qu'elles se présentent, sans vérifier si elles sont vraiment prioritaires.*

Le concept d'urgence dans les entreprises est une sorte d'abus de pouvoir. L'urgence est une terminologie médicale adaptée aux situations « limites » où la survie des personnes est en jeu. L'urgence peut être aussi associée aux situations catastrophiques telles qu'un incident nucléaire ou un incendie. Au nom de l'urgence, des chauffeurs de camion ou des coursiers prennent des risques inconsidérés. Sachons prendre du recul par rapport à l'amalgame entre situations urgentissimes et catastrophiques et urgences décrétées par un collègue, un manager, voire même, un client.

Les concepts d'entreprise, de travail, d'activité, d'objectif, de réalisation, d'exécution... très présents dans le monde des entreprises renvoient tous à la notion d'action. Ces concepts trouvent un écho dans les dictons populaires : « L'oisiveté est la mère de tous les vices », « Tu gagneras ton pain à la sueur de ton front ».

Ce contexte idéologique et culturel oriente les collaborateurs d'une entreprise et, en particulier, les managers à trouver leur raison d'être dans l'action. Il est de bon ton d'être un « homme d'action », les penseurs, intellectuels et autres philosophes étant supposés inadaptés au monde des affaires.

De nombreux managers se laissent emporter par un activisme forcené. Certains se sentent coupables de rester seuls dans leur bureau à réfléchir ou à lire un document. Ils culpabilisent ceux qui osent prendre le temps de la réflexion.

Peu de cadres assument leur fonction de réflexion. L'acte est visible, la réflexion est occulte. Et pourtant, on peut être passif en bougeant et actif en restant immobile.

Solutions

« Hâtons-nous lentement » ou « Ne confondons pas vitesse et précipitation » ou encore « Rien ne sert de courir, il faut partir à point », telles sont les différentes facettes d'une même posture globale pour traiter les urgences. Remarquons comme les professionnels des urgences, à l'hôpital, chez les pompiers, les agents de sécurité, les aiguilleurs du ciel, déploient leurs démarches et leurs gestes avec lenteur pour traiter rapidement l'incident ou la catastrophe. Ils apprennent que la précipitation les installe dans un état de panique. Leur entraînement consiste à répéter des gestes précis et lents.

La même remarque s'applique lorsqu'il s'agit de prendre la parole devant un groupe. Un débit rapide et saccadé fait perdre toute crédibilité, alors que des phrases, exprimées avec lenteur, en appuyant sur les mots importants, confèrent autorité et attention des autres à l'orateur.

Lorsqu'un collègue pénètre intempestivement dans votre espace en criant : « C'est urgent! », avant de démarrer au « quart de tour », demandez-lui posément : « Y a-t-il danger pour les personnes? Un risque majeur pour les locaux et l'environnement? Un client à plus de 1 million d'euros qui fait une réclamation? » Et laisser répondre. Si la réponse est « Oui », agissez en conséquence. Si c'est « Non », invitez-le à s'asseoir, à boire un verre d'eau et demandez-lui de vous narrer le problème. Cette attitude est particulièrement pédagogique puisque l'autre apprend ainsi à prendre du recul par rapport à ce qu'il considérait comme des urgences.

L'état d'urgence d'un individu ou d'une organisation est le symptôme de comportements réactifs. Tout se passe comme s'ils étaient soumis au flux alors qu'aujourd'hui, avec l'exacerbation de la concurrence au niveau planétaire, il convient de remplacer la réactivité par la pro-activité. La réactivité n'est plus un avantage concurrentiel, ni pour les personnes, ni pour les entreprises. Les réactifs n'innovent pas, n'anticipent pas, n'évoluent pas. Ce ne sont pas en effet les plus forts et les plus rapides qui survivent, mais ceux qui s'adaptent en permanence en trouvant des solutions nouvelles aux défis qu'ils rencontrent. Il existe pléthore d'entreprises qui, à force d'être réactives et en état d'urgence permanent, sont soumises à une guerre des prix impitoyable.

Les techniques de communication et d'informations tels les serveurs électroniques, mails, intranet, bases de données en temps réel, téléphone portable, organiseurs... intensifient l'état d'urgence et le stress qui en découle. Ces outils, au demeurant fabuleux auxiliaires de la performance, se transforment en diaboliques accélérateurs d'urgences et de stress si nous y restons connectés en permanence. Sauf pour celles et ceux qui opèrent dans des « hot line », se soumettre au flux n'est pas nécessaire. Pour reprendre du pouvoir sur le flux, il convient tout d'abord de choisir les moments de connexion au serveur et au téléphone portable, qui devrait essentiellement servir de boîte vocale. Si vous répondez immédiatement aux sollicitations de vos interlocuteurs, ces derniers risquent à terme de vous tyranniser. Nous vous suggérons le processus de ralentissement en 10 points (ci-dessous) si vous souhaitez vous désintoxiquer des urgences.

10 actions pour se désintoxiquer des urgences

1. Choisir de se connecter au réseau à un moment décidé par vous.

2. Synchroniser les messages, sans les traiter, sur le disque dur de votre ordinateur.

3. Se déconnecter du réseau pour éviter les réponses intempestives que vous pourriez regretter après les avoir envoyées.

4. Jeter les messages inutiles et les spam.

5. Trier grâce au mode « lecture partielle » les messages à archiver, ceux à traiter soi-même et ceux à faire traiter par d'autres.

6. Répondre aux messages que vous choisissez de traiter en prenant le temps de commencer par « bonjour » ou « bonsoir » et de terminer par un court message de politesse de type : « bien cordialement ».

7. Appliquer le correcteur orthographique lors de la fermeture de votre réponse.

8. Affecter les messages à « haute teneur » stratégique, commerciale ou sociale dans le dossier « brouillon ». Il est préférable de relire « à froid » ce type de message avant de les envoyer et de s'autoriser à prendre du temps de réflexion.

9. Reconnectez-vous et envoyez les messages traités.

10. Déconnectez-vous jusqu'à la prochaine séance choisie de traitement.

Objections classiques

1) « Si on ne traite pas les urgences, les problèmes dégénèrent ou s'aggravent »

Effectivement, de nombreux problèmes sont de véritables urgences à traiter immédiatement : un incendie, un collaborateur blessé, un client pesant 15 % du chiffre d'affaires qui hurle au téléphone, une altercation violente entre deux collaborateurs, la crèche qui vous appelle pour vous annoncer que la température de votre bébé s'élève à 40 degrés…

Et même dans ces situations urgentissimes, il convient de ralentir, au risque d'aggraver encore le problème. Le traitement efficace des vraies urgences suppose des gestes précis et lents. En d'autres termes, l'urgence ne doit pas nous installer en état d'urgence, fébrile et démuni devant la catastrophe.

2) « La rapidité est un facteur de productivité »

La qualité aura été, cette dernière décennie, le critère majeur de débanalisation par rapport aux concurrents. Mais aujourd'hui la qualité est une « exigence acquise », les clients n'achètent plus des produits ou des services qui n'offrent pas le degré de qualité requis. Par exemple, l'usager d'une compagnie aérienne estime qu'il est normal que l'avion décolle pour aller de Paris à New York, à l'heure prévue. Le participant à un stage fait l'hypothèse que la pédagogie enseignée sera correcte. L'acheteur d'un logiciel présume qu'il n'y aura pas de « bugs ».

La recherche du meilleur rapport qualité/prix reste essentielle, mais n'est plus suffisante. Tout se passe comme si les clients, du consommateur à l'acheteur industriel, exigeaient les prix les plus bas, une qualité irréprochable et la satisfaction immédiate de leurs besoins. Qu'on le veuille ou non, les clients sont impatients et si leurs désirs ne sont pas comblés immédiatement, ils cherchent un autre fournisseur plus rapide ou abandonnent leur désir initial pour un autre.

Le prix et la qualité cèdent la place à de nouveaux avantages concurrentiels : la maîtrise des délais, les réponses rapides aux sollicitations du marché, la vitesse de mise en œuvre des innovations.

La banque qui limite à 5 minutes l'attente au guichet prend un avantage sur les autres; mieux encore, la banque qui évite à son client de se déplacer surclasse les autres. Le vendeur de meubles qui s'engage : « vous serez livré demain à 15 heures », surpasse celui qui annonce : « vous serez livré, normalement, dans les 3 jours ».

Se développent ainsi les courses à domicile, les commandes par Internet, les réservations par téléphone.

Le temps entre la naissance du désir et sa réalisation se raccourcit. Le consommateur entend jouir immédiatement de ce qu'il convoite. Si le délai de satisfaction entre le désir d'achat et sa concrétisation est trop long, il s'oriente vers un autre désir. Le désir d'achat est éphémère, d'autant que les concurrents sont à l'affût pour en susciter d'autres.

Un client qui entre dans un magasin de meubles a envie d'acheter tel fauteuil : si le vendeur lui répond « ce modèle n'est pas disponible », il se peut que ce client ne revienne pas dans ce magasin. Il se peut même que le client n'ait plus envie d'acheter un fauteuil.

L'existence de ce besoin éphémère guide toute l'organisation industrielle. Chacun va imposer à ses partenaires de le satisfaire « dans les temps ». Ces entreprises exigent que leurs fournisseurs respectent rigoureusement les délais. Les clients s'organisent en fonction du délai promis. Ne pas respecter ce délai perturbe la vie du partenaire. Maîtriser les délais est donc un avantage concurrentiel.

Ce contexte économique actuel réactive certes le sentiment d'urgence. Mais la réactivité ne suffit pas, le temps d'anticipation est maintenant plus précieux que le temps de réalisation.

3) « Une situation d'urgence produit de l'énergie chez les individus et les groupes »

Oui, l'urgence mobilise et cristallise les énergies. De nombreuses personnes ont besoin d'échéances à très court terme pour se motiver à agir. Un délai trop long, sans enjeux immédiats, n'a pas de sens pour elles. L'urgence produit aussi des sensations fortes et suscite de nouvelles coopérations. Quoi de mieux qu'une épreuve à surmonter pour souder un groupe ?

Mais l'urgence à forte dose et en continu produit aussi du stress. Chacun court sans plus savoir pourquoi il court. La vie professionnelle est longue, au moins 35 ans, il convient de l'aborder en mode marathonien plutôt qu'en sprinter. Le temps, c'est surtout de la santé. Il est de fait lié à la durée de notre vie. C'est donc un capital que nous devons faire fructifier au mieux. Ce serait dommage de s'en apercevoir trop tard.

Vous vivez peut-être les pressions du temps comme des contraintes, nous vous proposons de faire des choix et de donner du sens à votre temps. Quand tout est urgent, rien n'est urgent, et quand tout est prioritaire, rien n'est prioritaire.

> *Vous n'avez ni plus, ni moins de temps qu'avant la lecture de ce livre mais nous espérons avoir contribué à vous aider à mieux vivre. Il serait fort douloureux que vous gardiez toute votre existence des regrets du type : « Je n'ai pas osé faire ce que je savais que je pouvais faire et que j'avais envie de faire » ou « Je ne suis pas devenu celui ou celle que je voulais et pouvais devenir »... faute de temps.*

4) « Vos conseils sont inapplicables dans un service hot line »

Les processus horizontaux pilotés par des progiciels intégrés de gestion[4], la production des biens et des services « justes à temps », les plateformes et services « hot line » par Internet ou téléphone, intensifient, eux aussi, le sentiment d'urgence. Il est clair que de nombreux postes de travail aujourd'hui n'offrent pas de réelles possibilités de choisir et gérer son temps, les cadences étant imposées par le système technique ou les appels impromptus des utilisateurs et clients.

4. PGI : version française des ERP, Enterprise Ressource Planning.

Dans ces contextes, il est judicieux de s'adonner à des activités extra-professionnelles telles que randonnée, yoga, lectures, visites d'expositions… pour s'octroyer des moments de lenteur et de réflexion.

Avantages masqués à reproduire ce comportement

Vivre des moments et des sensations intenses

Les adeptes des sensations fortes ont probablement besoin de fortes doses d'adrénaline pour être stimulés. Les urgences, même au prix de leurs inconvénients, procurent des « coups de fouet », des pressions internes proches du saut à l'élastique, du rafting, des grands huit… Certains parlent même de « corde raide » ou de « shoot[5] ».

Ces avantages biologiques conduisent à attendre le dernier moment pour traiter un problème ou effectuer une tâche qui, pourtant, sont connus depuis longtemps. L'adepte de l'urgence remet « à plus tard » et se met en mouvement lorsque l'immédiateté du délai s'impose.

S'octroyer un statut de « pompier » ou de « sauveur de l'extrême » dans l'entreprise

Il est de bon ton dans les entreprises rapides d'être réactif. La culture de la réactivité s'impose dans de nombreuses organisations soumises aux aléas du marché et les pressions concurrentielles. Ces entreprises mettent en exergue de nouveaux héros vifs, rapides, réactifs, capables de se mobiliser au « quart de tour ».

Ces héros bénéficient de nombreux signes de reconnaissance de la part de leur entourage : « Il a su rattraper au dernier moment cet incident ! », « Il nous a fait éviter une catastrophe ! », « Il n'est jamais pris au dépourvu ! »…

Éviter l'épreuve du choix

Le lecteur averti sait que de nombreuses urgences résultent d'une anticipation absente ou défaillante. L'urgence est bien souvent la cristallisation de plusieurs non-choix, le symptôme de dysfonctions antérieures.

L'adepte des situations urgentissimes estime que celles-ci s'imposent de l'extérieur, s'aveuglant ainsi sur la somme de ses non-choix antérieurs. Dans l'urgence, le choix de traiter s'impose, alors que l'anticipation fait planer un doute : « Et si le problème ne se déclenchait pas ? »

Il en est de même avec la prévention des maladies. De nombreux patients ne commencent à faire un régime, arrêter de fumer ou de boire que lorsque leur médecin leur annonce un grave danger imminent.

---

5. Shoot : expression usitée dans le monde des toxicomanes.

Les projets ne se passent jamais comme prévu, des incidents surviennent au dernier moment

Diagnostic de la situation

L'essentiel d'un projet ou d'un changement est effectué, et pourtant, restent encore à réaliser les « petites touches finales ». En induisant l'idée de courte durée, le terme de « finition » est trompeur.

> *Prenons l'exemple de ce livre. Les finitions : relecture, corrections, sommaire détaillé, index des tableaux et des graphiques, bibliographie, choix de la maquette, notice publicitaire, quatrième de couverture nous ont occupés le tiers du temps total de réalisation. Certains projets industriels d'envergure consacrent jusqu'à 50 % du temps en finitions.*

Les temps de finition concernent la technique, l'organisation et les hommes :

- la technique : la mise au point des procédés, les essais, les tests en grandeur nature, les derniers réglages et ajustements... ;
- l'organisation : la rédaction des procédures et des notices explicatives, les programmes de formation concernant leur application, les outils logistiques à mettre en œuvre... ;
- les hommes : l'information, l'adhésion à la nouveauté, la formation, les éventuels rééquilibrages de pouvoirs...

Hormis les finitions, surviennent aussi des événements inopinés en cours de réalisation : des fournisseurs qui livrent en retard malgré leurs promesses, une épidémie de grippe, un conflit du travail, un incendie et tout autre événement plus ou moins catastrophique.

Dans les organisations par projets, chacun des acteurs d'un changement a tendance à surestimer le temps nécessaire afin de se préserver un minimum de confort ou de sécurité. De surcroît, le temps est au centre de nombreux jeux de pouvoir entre les individus. Il est en effet plus « politiquement correct » de dire « Je n'ai pas le temps » que : « Je ne veux pas le faire ».

Solutions

Nous avons remarqué, au cours de nos interventions, qu'un promoteur d'un projet « gardant du mou » dans sa tête quant à l'échéance finale induit chez les intervenants l'idée qu'il est possible de remettre à plus tard. Une date butoir incontournable concentre les énergies vers ce but. Nous avons à apprendre des projets du spectacle : film, pièce de théâtre, concert, convention annuelle... où les dates des sorties et manifestations sont annoncées à l'avance à un large public.

Ceci étant dit, l'échéance précise engage les acteurs mais ne les met pas à l'abri des petits détails qui peuvent tout gâcher, d'où l'expression : « Le diable est dans les détails. » Plus le projet est long, plus il convient d'anticiper au début les « petits détails diaboliques ». Lorsqu'ils sont traités à froid, bien en avance, ils le sont avec distance, confort et sérénité. Lorsqu'ils interviennent au dernier moment, ils sont producteurs d'agitation, de précipitation et de stress.

Prenons deux exemples réels et cocasses, sauf pour leurs acteurs, afin d'illustrer ces propos.

> *Un ingénieur est invité à effectuer une présentation de haut niveau technique, en anglais, auprès de 35 managers de filiales internationales de son groupe. Il dispose de 3 mois pour s'y préparer, sa direction lui offrant des ressources : séminaire de renforcement de l'anglais et maquettiste pour la mise en page et l'animation des supports de la présentation.*
>
> *Cet ingénieur peaufine son sujet, améliore son anglais, dispose d'une version conviviale de « PowerPoint » et réalise devant quelques collègues une dernière séance d'entraînement en temps réel dans la salle prévue à cet effet. Il est fin prêt.*
>
> *Le jour fatidique arrive, les managers s'installent, la lumière est tamisée et, à peine le premier « slide*[6] *» projeté, la lampe du vidéoprojecteur grille. Affolement général ! Pas de lampe de rechange !*
>
> *Un exemple collectif maintenant. L'histoire se déroule dans une conserverie alimentaire où des efforts de productivité sont engagés. Ces efforts aboutissent à un gain de temps d'une journée sur un cycle de production initial de 5 jours.*
>
> *Le tonnage prévu est produit en 4 jours mais reste bloqué dans l'usine faute d'étiquettes à coller sur les boîtes de conserves. Oubli fâcheux !*

Tout se passe comme si la catastrophe arrivait au moment le plus inopportun qui soit, c'est-à-dire trop tard ou « au pied du mur », version entrepreneuriale de la tartine « beurre confiture » qui tombe du côté du « beurre confiture » [7].

---

6. « Slide » : terme anglais familier lors des présentations sous mode PowerPoint. En français, nous dirions « planche de présentation ».

7. Edward Murphy, ingénieur à l'US Air Force, dégagea une loi lors de tests défaillants en 1949. La loi de Murphy nous rappelle qu'une tâche prend plus de temps qu'on ne se l'imaginait et ce qui est susceptible de mal tourner tournera mal.

Certes, il existe de nombreux événements imprévisibles, mais n'en ajoutons pas, faute d'anticipation.

Le temps programmé chassant celui qui ne l'est pas, il convient de noter dans son agenda électronique ou papier les activités récurrentes ou fixées en avance.

> *Par exemple, les réunions de direction, les revues de projet, les périodes d'entretien d'appréciation. Cette anticipation sur le long terme, au moins un an, prévoit aussi les temps de vacances, même sans en connaître la destination. Combien de couples ne peuvent sauvegarder des plages de temps faute de les avoir planifiées à l'avance.*

Dans de nombreux métiers, chacun sait qu'il est confronté à des imprévus, au mieux à 5 % de son temps, au pire à 35 %. Un agenda trop rempli n'intègre pas ces « imprévus prévisibles ». Faute de se réserver du temps, l'on risque de courir après les événements.

> *Chaque année, chaque trimestre, chaque mois, chaque journée devraient être pensés en termes d'essentiel. « Qu'est-ce qui est essentiel cette année ? Qu'est-ce qui estessentiel pour le mois, la journée à venir ? » Les réponses à ces questions focalisent l'attention et l'énergie sur les vraies valeurs ajoutées de notre fonction.*

L'essentiel étant posé, focalisons-nous sur les catastrophes prévisibles ou les petits détails de finition qui pourraient gripper la bonne marche des prévisions. Pour cela, la bonne question est : « Qu'est-ce qui pourrait faire capoter ou retarder ce projet[8] ? »

Objections classiques

1) « Vos conseils frisent la paranoïa »

L'anticipation consiste à imaginer dans les plus petits détails quelles seraient les causes probables d'échec ou de retard d'un projet. C'est en effet une forme d'exagération paroxystique des catastrophes possibles. De nombreuses enquêtes approfondies sur des catastrophes majeures (crash de la navette Challenger, incendie du tunnel du mont Blanc, Tchernobyl et d'autres encore) montrent qu'au moins un acteur concerné avait perçu l'existence d'un problème probable et qu'il n'avait pas osé le dire ou que personne ne l'avait écouté ; telle Cassandre avant la guerre de Troie.

La peur est une émotion utile pour signaler un danger. En d'autres termes, si nous ressentons une inquiétude ou une crainte quant à un

8. Voir chapitre 5, p. 150, « La permutation dans le temps ».

projet, il convient de s'y pencher sans pour autant être paniqué et tétanisé. La peur est un gage de sécurité et permet de prendre « ses précautions ».

> *Par exemple, si un guide de haute montagne ou un skipper sur un voilier vous annonce fièrement : « Je n'ai jamais peur de la montagne ou de la mer! », ne le choisissez pas pour vous guider.*

Pour résumer, il semble préférable de se faire peur, à froid, au début d'un projet, en pensant les petits détails qui pourraient tout faire capoter, que d'attendre le dernier moment « à chaud » où le temps se contracte inexorablement.

2) « On ne peut pas tout anticiper »

Bien sûr, ne confondons pas problème potentiel et événement imprévisible. Dans certains projets stratégiques, il peut être utile de prévoir des redondances afin de pouvoir choisir un plan « B » en cas de nécessité. Par exemple, si un acteur projet est vraiment un expert incontournable, il convient de prévoir son remplacement au dernier moment en cas de défaillance physique ou mentale, de démission ou de conflit indépassable. Ceci étant dit, rien ne nous empêche, au début du projet, de nous poser la question : « Que fais-je si cet expert nous lâche? »

Les 5 facteurs de risques les plus probables

- **L'environnement** : perte de marché, concurrents agressifs et innovants, guerre ou mouvement insurrectionnel, catastrophe écologique, changement de direction politique, augmentation des prix...
- **La technologie** : bifurcation technique, technologie de substitution, pénurie de matière première ou de composants...
- **Les acteurs** : griefs et conflits, rareté des expertises, émotions mal gérées, jeux de pouvoir, incompatibilités d'humeurs...
- **Les finances** : dépassement de budget, diminution des allocations de ressources, surcoût lié à une nouvelle disposition réglementaire.
- **L'organisation interne** : changements de priorités, décisions ralenties du fait de lourdeurs bureaucratiques, divergences entre management opérationnel et réseaux transversaux...

En d'autres termes, gardons à l'esprit que tout peut arriver, y compris le pire.

3) « L'adversité permet de faire émerger de nouvelles solutions »

L'anticipation, l'organisation et la planification apportent la sécurité nécessaire pour réussir de nombreuses tâches et projets. L'analyse des risques probables est un travail intellectuel motivant, puis les processus mis en place pour les éviter paraissent automatiques et désincarnés. Le système, de surcroît, dicte de nombreuses conduites humaines, en particulier lorsqu'il est supporté par un progiciel de gestion intégrée.

Justement, prenons bien le système pour ce qu'il est, c'est-à-dire un apporteur de confort et de sécurité. Pourquoi en effet réinventer des gestes déjà éprouvés ? Alors que certains pourraient penser que les systèmes érodent les talents humains, c'est le contraire qui se réalise, puisque les talents sont plus disponibles pour gérer les événements imprévus et innover[9].

Avantages masqués à reproduire ce comportement

Obtenir des ressources au dernier moment en suscitant un sentiment d'urgence chez les apporteurs de ressources

Une tactique, au demeurant risquée, adoptée par des chefs de projet ou des collaborateurs responsables d'une tâche prioritaire, consiste à accumuler des problèmes et des retards afin d'obtenir des ressources au dernier moment fatidique. « Pris à la gorge », les décideurs obtempèrent.

Néanmoins la répétition de cette tactique conduit son auteur à être complètement décrédibilisé aux yeux de son entourage.

Être un héros capable de « tout sauver » à la dernière minute

Nous retrouvons ici l'avantage décrit lors des situations d'urgence, surtout si les incidents lors des finitions d'un projet sont susceptibles de faire capoter l'ensemble.

Éviter l'anxiété du futur

Pour certains, le futur est anxiogène. Déjà, Brigitte Bardot, dans un film de Roger Vadim, dans les années 1960, *Et Dieu créa la femme,*

9. Lorsque des clients nous demandent de les accompagner dans la mise en place de processus certifiés ISO, nous insistons pour que la contradiction apparente, système à l'encontre des talents, se transforme en synergie : « un système et des talents ». C'est avec cette philosophie que la Cegos a obtenu sa propre certification ISO 9001 et ses renouvellements, dans un milieu où la quasi-totalité des effectifs est constituée de professionnels du savoir, *a priori* peu enclins aux procédures.

énonce : « Le futur est ce qu'il y a de pire pour gâcher le présent », reprenant le thème de Ronsard dans « Mignonne, allons voir si la rose ». Imaginer le futur avec toutes les catastrophes et tous les maux possibles est une épreuve douloureuse, d'autant plus que le pire n'est pas certain.

Aimer improviser

Les événements impromptus et les incidents de dernière minute requièrent de fortes doses de génie et d'improvisation pour les surmonter. L'anticipation et la planification sont des activités tristes au regard des défis. Certains ont besoin de se placer en « situation limite » pour vaincre l'adversité en trouvant au fond d'eux-mêmes des ressources et de l'énergie inégalées. La catastrophe, avec son cortège d'émotions, est une scène d'où émergent des idées nouvelles qui s'entrelacent pour trouver des solutions. Toute épreuve qui ne nous détruit pas, nous grandit.

Les 4 avantages à mal gérer son temps

Souvenons-nous des dissertations de notre enfance : pourquoi le quart d'heure de récréation semble-t-il plus court que le quart d'heure de rédaction? Le temps est subjectif : ce qui nous plaît passe vite, ce qui nous déplaît semble s'éterniser. À chaque fois que l'on confie à un collaborateur un travail qui ne lui plaît pas, ce dernier a tendance à le faire traîner en longueur, à le différer ou le bâcler « vite fait » pour s'en débarrasser. Les tâches fastidieuses sont éligibles à l'automatisation.

Ceci étant dit, nous pouvons ressentir du plaisir sans pour autant être efficients.

Par exemple, un cadre éprouvant des plaisirs intenses à travailler intensément alors qu'il est en manque de stimulations dans sa vie privée présente des symptômes proches de la toxicomanie ou de l'alcoolisme; d'où l'expression américaine « workaholic » (bourreau de travail). Si après trois jours de vacances, vous commencez à vous ennuyer et pensez à un dossier, si à l'opéra votre attention est détournée par un problème professionnel, si vous avez du mal à plonger dans le sommeil et si vous vous réveillez avec vos préoccupations professionnelles, le mal vous guette.

Nombreux sont les participants à nos séminaires qui se plaignent de ce qu'ils nomment une mauvaise gestion de leur temps : interruptions, délais non tenus, beaucoup d'activités inutiles, journées très intenses avec le sentiment de n'avoir pas avancé sur un projet prioritaire, situations urgentissimes, management du dernier moment, incapacité à dire « non », etc.

Nous les surprenons lorsque nous leur demandons : « Quels sont pour vous les avantages à mal gérer votre temps? » Au début, surpris, voire déséquilibrés par cette question, ils réfléchissent et trouvent des réponses que nous classons en quatre grandes catégories : les avantages sociaux, les avantages psychologiques, les avantages existentiels et les avantages biologiques.

Exemples :

Avantages sociaux *: être reconnu comme important, passer pour un décideur averti, jouer un rôle d'aiguilleur ou d'expert, avoir de nombreuses relations dans l'entreprise.*

Avantages psychologiques *: plaisir de faire soi-même, faire plaisir aux autres, être sûr de mieux faire seul, choisir les activités plaisantes et stimulantes.*

Avantages existentiels *: confirmation de l'idée que l'on se fait de soi-même, rechercher la perfection, participer et faire des efforts, être agréable, s'en sortir tout seul.*

Avantages biologiques *: « Cela me donne un coup de fouet », « Ça m'excite », « J'ai des poussées d'adrénaline », « Je vis des moments intenses, comme une drogue ».*

Plus tous les autres avantages que vous trouverez, en vous posant la même question.

Les 10 lois inexorables du temps

Nous avons évoqué, tout le long de ce chapitre, des lois du temps. La gestion du temps et des priorités restent des sciences « molles ». Les 10 lois inexorables du temps sont des phénomènes répétitifs que l'on peut rencontrer dans toutes les entreprises. C'est pourquoi nous les nommons « lois » tout en précisant qu'elles sont des probabilités et non des certitudes absolues.

Nous en avons repéré dix, que nous répertorions ci-dessous et pour lesquelles nous vous suggérons 3 conseils pratiques. Ces dix lois, distinctes à des fins pédagogiques, interagissent en réalité les unes avec les autres.

Lois inexorables du temps	**Conseils pratiques**
1. Le travail se dilate jusqu'à occuper la totalité du temps disponible.	• Évaluer le temps nécessaire à chaque activité et lui affecter un budget temps. • Transformer l'incantation « Il faudrait qu'on fasse cela » en « Quand allons-nous le faire ». • Négocier par avance le temps de chaque situation relationnelle : entretien, réunion, rendez-vous…
2. Rien n'est aussi simple qu'on l'imaginait au départ.	• Effectuer des bilans intermédiaires et entamer des actions correctives si nécessaires. • Établir une liste exhaustive des événements prévisibles. • Dire la vérité en matière de délai afin d'entraîner les autres à dire, eux aussi, la vérité.
3. L'être humain n'est pas capable d'exercer une activité soutenue dans le temps de façon continue.	• Prendre en compte les rythmes personnels de chacun de ses collaborateurs : certains sont « du soir », d'autres « du matin ». • Alterner les activités. • Considérer le temps de pause comme nécessaire à l'activité.
4. Le temps perdu à cause d'une interruption est plus long que la durée de cette interruption.	• S'octroyer des temps pour se protéger des sollicitations extérieures. Permettre aux collaborateurs de se protéger de vos sollicitations. • Dire « non » à la demande et « oui » à la personne. • Privilégier des séquences homogènes de travail en programmant les temps d'interruption.
5. Le temps est soumis au plaisir et au déplaisir.	• Profiter des technologies de l'information et de la communication pour automatiser les tâches fastidieuses et routinières. • Compenser une tâche astreignante par trois missions motivantes. • Anoblir les tâches contraignantes en les présentant sous l'angle du service utile au client.

Lois inexorables du temps	**Conseils pratiques**
6. L'urgence a tendance à prendre le pas sur l'important.	• Avoir en tête, en permanence, la raison d'être de son activité. • À chaque fois qu'une action doit être déclenchée, se poser la question : « Est-elle urgente ou prioritaire ? » Commencer par les actions prioritaires. • S'interroger sur : « Si nous ne faisons pas cette action, que se passerait-il ? » Si la réponse est « pas grand-chose », ne rien faire.
7. La griserie de l'action l'emporte sur l'épreuve de la réflexion.	• Laisser passer une nuit avant de prendre une décision importante : la nuit porte conseil. • Lorsque l'on vous dit : « C'est urgent ! » demander : « C'est pour quand précisément ? » • S'installer en rythme lent en cas d'urgence : respiration, débit de la voix, postures...
8. L'indécision prend du temps.	• Méfiez-vous des spécialistes. • Apprécier les conséquences possibles d'une décision sur vous-même, votre équipe et votre environnement et vérifier si vous êtes prêt à en assumer les conséquences. • De même, apprécier les conséquences possibles d'une absence de décision.
9. La chronologie des événements est trompeuse.	• Affecter un ordre de priorité aux événements à traiter. • Classer les événements en trois catégories : à traiter soi-même, à faire traiter par un collaborateur, à ne pas traiter. • Donner la priorité au client sur sa hiérarchie.
10. Le travail programmé n'affranchit pas des événements.	• Raisonner avec le temps comme avec les budgets, en orientant les actions autour d'objectifs prédéterminés. • Transformer un événement subi en événement géré, en se posant la question : « Maintenant que nous savons que cet événement est intervenu, qu'allons-nous faire pour atteindre notre objectif ? » • Prévoir du temps pour les impondérables.

Les séquences de temps chaotiques

Terminons ce chapitre par une exception aux 10 lois inexorables du temps. Nous travaillons aujourd'hui dans des univers mouvants et complexes où les modèles rationnels trouvent leurs limites. L'entreprise tend à mesurer, compter, quantifier en poursuivant des stratégies d'optimisation. Les 10 lois participent de ce mouvement.

Pour résoudre de nombreux problèmes de coopération, des séquences de temps chaotiques peuvent se révéler performantes. Par exemple : organiser une réunion sans ordre du jour, sans programme et sans planification, où l'on échange des idées, sans pour autant proposer immédiatement des solutions. Ou encore entamer une conversation où les mots et expressions s'enlacent pour créer des idées et des concepts inconnus au départ par chacun des interlocuteurs.

Le temps des poètes est encore vivace…

✓ Test du chapitre 1

Voici une liste de 12 affirmations. À quel type d'avantages chacune est-elle corrélée ? Sociaux, psychologiques, existentiels, biologiques ?

Une affirmation peut correspondre à plusieurs avantages.

Affirmations	S	P	B	E
Il faut gagner sa vie à la sueur de son front.				
J'ai besoin de « pression » pour être impliqué.				
Je n'aime pas philosopher sur le sens de la vie.				
Je dois être disponible pour les autres.				
Il faut être souriant et faire plaisir aux autres.				
Je m'ennuie facilement quand je suis en manque d'actions.				
Je préfère résoudre mes difficultés seul, il n'est pas question de passer pour un faible.				
J'adore tisser des liens avec les autres.				
Je ne supporte pas les embouteillages aux heures de « pointe ».				
Il y a tellement de choses à faire dans la vie qu'il convient de se dépêcher en permanence.				
Plus on s'élève dans la hiérarchie et plus il faut maîtriser les situations.				
J'adore improviser et trouver des idées nouvelles.				

Corrigé page 195

2
LES PIÈGES DE L'INSTANTANÉITÉ

Les technologies de l'information et de la communication (TIC) ont rendu possible la mondialisation économique et financière et elles occupent une place grandissante dans notre vie professionnelle et personnelle. Nous sommes aujourd'hui de plus en plus nombreux à consacrer une partie importante de notre temps devant un clavier, un écran d'ordinateur, de PDA ou de téléphone.

Mais quelles sont donc sont les conséquences de la généralisation de l'utilisation des TIC sur le travail et les individus ? Permettent-elles de mieux utiliser le temps comme le disent certains, ou sont-elles au contraire chronophages et génératrices de stress, comme le prophétisent d'autres ? Comment mieux vivre le temps sans tomber dans les pièges de l'instantanéité ?

Les évolutions du travail liées aux TIC : nouvelles réponses et nouveaux risques

L'utilisation des technologies de l'information et de la communication a permis l'abolition de la distance et du temps. En effet, il est devenu aujourd'hui aussi facile de transmettre et de recevoir des informations, à tout moment, de communiquer à l'autre bout de la planète qu'avec son voisin de bureau situé à quelques mètres. La présence de l'interlocuteur n'est plus nécessaire, les décalages horaires sont abolis, la difficulté de se rencontrer se trouve résolue par les TIC.

Par ailleurs, que ce soit dans le secteur industriel ou des services, bon nombre d'activités ont perdu de la matérialité : le contrôle des équipements est effectué sur écran, les informations et les décisions transitent par les TIC.

À partir de ce constat, explorons ensemble les modifications induites par l'abolition de la distance et du temps, et la dématérialisation du travail en termes de bénéfices apportés aux utilisateurs mais aussi en termes de risques potentiels pour les personnes et les entreprises.

Travail en commun facilité... ou risque de perte de lien social

Pouvoir communiquer sans être réunis

Dans un grand groupe de télécommunications, un chef de projet pilote de grands projets internationaux impliquant des interlocuteurs sur les cinq continents en effectuant très peu de déplacements. Les propositions de projets lui arrivent de toute la planète par un réseau qui regroupe 50 000 systèmes pour relier 12 000 utilisateurs.

Aujourd'hui, les grands projets internationaux de recherche ou industriels sont menés à bien alors que le responsable de projet et les différents intervenants internes et externes sont dispersés sur des lieux géographiques distants de plusieurs milliers de kilomètres.

Comment est-ce possible ? Le groupe de travail, pour atteindre ses objectifs, utilise le *groupware* ou « collectitiel » associé à des logiciels conçus pour faciliter ce travail de groupe (agenda collectif, messagerie électronique...).

La messagerie de *groupware* dépasse le modèle de distribution de l'information associé à la messagerie traditionnelle (l'émetteur connaît les destinataires de son message et diffuse l'information). Avec le *groupware*, l'émetteur ne connaît pas nécessairement les utilisateurs de son information ; il positionne cette information dans l'espace commun pour la partager avec tous les intervenants du groupe.

Par ailleurs, la mise en place d'applications dérivées des bibliothèques électroniques partagées constitue des espaces de travail virtuels ou bases de connaissances qui permettent de rédiger un document à plusieurs, de se réunir et de capitaliser en continu la mémoire collective du groupe de travail.

La coopération et l'échange d'idées sur un thème donné (veille technologique, marché, clients, concurrents...) peuvent aussi s'appuyer sur des forums virtuels ou conférences électroniques.

La coordination des acteurs et des actions peut être facilitée par la mise en place d'applications dérivées du *workflow* (gestion électronique de processus), qui permettent de faire circuler des formulaires électroniques selon un chemin prédéfini, de suivre, d'alerter et de relancer automatiquement certaines actions.

Grâce aux TIC, on peut aujourd'hui échanger sans être réunis au même moment et au même endroit. Cette désynchronisation des échanges donne du confort (chacun échange à son rythme), une réactivité accrue et des gains de coûts de déplacement. Mais n'y a-t-il vraiment aucune ombre à ce tableau idyllique ?

Les limites de la technique

Ce chef de projet d'une grande entreprise dans le domaine des télécommunications fait état de ses difficultés à obtenir une participation active de la part de ses interlocuteurs lors des conférences téléphoniques qu'il anime parfois avec 35 personnes qui ne se connaissent pas pendant 2 heures. Il reconnaît que, lui-même en tant que participant à ce type de réunions, s'adonne à d'autres activités au bout de 10 minutes...

L'illusion techniciste consisterait à croire que la réussite du travail en commun réside uniquement sur la pertinence et la qualité des solutions technologiques alors que des processus de travail adaptés à la coopération entre les intervenants (travail en équipes multidisciplinaires, organisation apprenante...), l'établissement d'une relation entre individus favorisant les échanges et la coopération entre les individus sont indispensables.

Par ailleurs, comment expliquer que des individus, qui disposent de techniques d'information et de communication de plus en plus sophistiquées, se plaignent simultanément du manque de communication dans l'entreprise ?

Dans cet établissement dont la direction se plaint du cloisonnement des services, personne ne fait les quelques mètres qui le séparent de son voisin : il le contacte via la messagerie électronique...

Le paradoxe n'est qu'apparent. Les personnes ne se plaignent pas du manque d'informations : ils déplorent le risque de perte de lien social et cherchent un sens à leur vie alors que les outils ne leur proposent pour l'essentiel qu'une circulation de l'information plus rapide. Les TIC introduisent le paradoxe de la connexion permanente et de la solitude : chacun est plus proche, branché sur le monde, mais n'a éventuellement plus personne à qui parler.

Travail en temps réel… ou risque de se shooter à l'urgence

Inégalités face aux TIC

La compétitivité des entreprises est synonyme de vitesse et de temps réel pour une réactivité instantanée : flux tendus, réduction des délais de livraison, réponse rapide au client. Parce qu'elles compactent le temps, les TIC sont au service de cette réactivité accrue. Face à ce temps des machines (mesuré en nanosecondes, picosecondes) qui s'oppose au temps des activités humaines à l'échelle des heures, jours semaines et années, comment réagissent les individus ?

> *Un sondage de l'IFOP en 1998 faisait déjà ressortir que 63 % des personnes interrogées estimaient que les TIC les obligeaient à aller plus vite et augmentaient leur stress. Les plus âgés (67 % des 35 ans et plus), les employés (69 %) et les ouvriers (70 %) seraient les plus exposés.*

Quelles hypothèses peut-on formuler concernant cette inégalité face aux TIC ? Les personnes les plus exposées sont celles qui ont été confrontées aux TIC après plusieurs années d'expérience professionnelle (« la génération Gutenberg ») et qui ont dû s'habituer à la nouvelle immatérialité de leur activité.

À l'inverse, la « génération Nintendo » semble moins exposée : « Les plus jeunes sont moins atteints, car ils sont familiers du zapping et des univers virtuels », comme le confirme Éric Albert, fondateur de l'Institut français de l'anxiété et du stress (Ifas).

L'illusion de la performance

Au-delà des différences liées à l'âge ou à la catégorie socioprofessionnelle, d'autres disparités apparaissent face à la gestion de l'urgence et à la multiplicité des tâches à accomplir simultanément : certains vivent mal cette obligation de travail multitâches en temps réel alors que d'autres s'y sentent très à l'aise, ceux que Nicole Aubert[1] appelle les « shootés de l'urgence », dopés aux amphétamines de l'hyperréactivité.

Observons ce collaborateur au travail.

> *Il arrive, échange quelques mots avec un collègue sur une affaire en cours et puis (machinalement ?) allume son ordinateur et ouvre sa messagerie électronique. Pendant qu'il consulte ses mes-*

---

1. Nicole Aubert, *Le culte de l'urgence*, Flammarion, 2003.

sages, le téléphone sonne et il se précipite pour répondre. Un collègue lui demande s'il a bien reçu son message. Faute de réponse dans les minutes qui ont suivi l'envoi, il voulait s'assurer qu'il avait été reçu… et traité. Le cadre continue l'exploration de ses messages lorsque son assistante fait irruption dans son bureau : un de ses principaux clients a appelé plusieurs fois sur son poste fixe et sur son téléphone portable. Zut ! Accaparé qu'il était par ses nombreuses tâches, il a oublié de consulter le répondeur de son téléphone portable et sa messagerie vocale au bureau. Aussitôt, il saisit son téléphone portable et consulte son répondeur avant de consulter sa boîte vocale : le client a effectivement appelé… Après avoir rappelé le client, il va voir sa secrétaire pour faire le point du courrier…

Interrogé, il fera probablement état des inconvénients de cette situation mais n'y a-t-il vraiment que des inconvénients ? Être réactif, utiliser des outils modernes, c'est donner l'image de quelqu'un dans le coup, c'est éviter l'ennui et des questionnements sur le sens de sa vie, c'est se sentir performant, utile et quelle montée d'adrénaline !

Au stress du travail en temps réel s'ajoutent ceux liés à la fragmentation accrue du temps de travail, aux sollicitations externes (« la commutation ») ou aux interruptions provoquées par l'intéressé lui-même (le « zapping ») que soulignent les auteurs du Syndrome de Chronos[2].

À ce titre, il est frappant de constater qu'à quelques années d'intervalle, les statistiques sur la durée du temps de travail en continu des cadres restent constantes : 7 minutes !

Une base de données illimitée et immédiatement disponible… ou la surcharge informationnelle

Toute l'information possible en un clic

Internet met à la disposition de chacun une base de données mondiale accessible d'un clic de souris (ou presque) et multiforme (texte, son, images, vidéo). Des recherches d'informations qui prenaient auparavant plusieurs heures ou journées s'effectuent maintenant en quelques minutes.

2. Denis Ettighoffer, Gérard Blanc, *Le Syndrome de Chronos, du mal de travailler au mal de vivre*, Dunod, 1998.

Des prospecteurs maritimes qui travaillent sur les bateaux pendant 6 semaines racontent : « Internet a changé notre vie à bord. Avant, la seule possibilité que nous avions de contacter nos familles, c'était le téléphone. Aujourd'hui, il m'arrive de communiquer 2 à 3 fois par jours avec mes proches par mail. »

Internet a connu un développement plus rapide dans les régions les plus enclavées que dans les zones urbaines : magie des technologies qui permettent de rompre l'isolement de certains et de les connecter au monde.

Savoir gérer la masse d'information

Et pourtant les récriminations ne manquent pas : « J'ai passé plus de temps à me connecter qu'à consulter les informations », « J'ai trouvé une multitude d'informations… sauf celle que je cherchais. »

À l'évidence, pour ne pas se retrouver prisonnier de « la toile d'araignée mondiale » (World Wide Web, le fameux www), plusieurs conditions semblent nécessaires. Tout d'abord des outils performants. Les temps de connexion peuvent varier considérablement en fonction du matériel dont on dispose. Ensuite, il apparaît que les temps de recherche varient également en fonction de la maîtrise technique de l'utilisateur. Ajoutons que pour peu que la personne ne sache pas précisément ce qu'elle cherche… utiliser Internet revient à « chercher une aiguille dans une botte de foin ».

En ce qui concerne les informations reçues, les discussions vont bon train et certains annoncent des chiffres qui font frémir : de 150 à 300 messages par jour.

Denis Ettighoffer (président de l'institut Eurotechnopolis), quant à lui, annonce : « Un cadre reçoit aujourd'hui 10 fois plus d'informations qu'il y a 10 ans. Elles arrivent de tous les côtés, sur l'écran, le téléphone et il faut réagir vite. Cela crée un zapping mental épuisant. »

Le problème n'est plus d'être informé mais de gérer la masse d'informations reçue chaque jour par la presse, les boîtes vocales, le télécopieur, la messagerie, le téléphone.

Télétravail mixte… ou connexion permanente

Travailler en liberté

La règle de l'unité de lieu (le bureau, l'usine, l'atelier), de temps (les horaires de travail) et d'action (travail par opposition à détente), qui a régi les activités professionnelles pendant des décennies, est mise à mal par les nouvelles formes de télétravail mixte : les avions, les aéroports, les trains et les halls de gare sont devenus des « bureaux » publics où d'aucuns rédigent des rapports sur leur micro-ordinateur portable, d'autres téléphonent ou dictent du courrier avec un dictaphone...

Certes, le problème de l'intrusion réciproque de la vie professionnelle et de la vie privée n'a pas attendu les TIC pour se manifester mais les nouvelles technologies renforcent cette déspécialisation entre travail et non-travail car elles ont investi les différents domaines de notre vie : la culture, les jeux, la consommation, la finance.

De ponctuelle, cette déspécialisation des lieux et des temps de travail tend à se généraliser et la vie familiale et locale se trouve redéfinie par les autres activités qui se pratiquent maintenant à domicile.

Indéniablement, cette nouvelle forme de travail introduit un sentiment de liberté : organiser son temps de travail à sa guise plutôt que se rendre tous les jours à la même heure sur son lieu de travail est en effet séduisant. Mais est-ce si simple ?

> *Un consultant, qui précédemment a travaillé plusieurs années dans une agence bancaire, raconte : « Au début, le fait de me retrouver chez moi pour travailler m'a déstabilisé. En pensant à mes anciens collègues de l'agence qui étaient à leur bureau, j'étais partagé entre un sentiment de culpabilité et une sensation de liberté. J'étais également surpris par la question qui me venait à l'esprit : que vais je faire ? »*

Une discipline particulière

Habitués à la discipline du bureau, certains cadres éprouvent des difficultés face à l'auto-organisation de leur temps de travail qu'imposent le nomadisme et le télétravail.

Le travail chez soi est un exercice difficile qui suscite des attitudes diverses : « Il n'y a pas de pire patron que soi-même. » Certains trouvent facilement les ressources pour s'autodiscipliner, d'autres ont des difficultés à mettre une limite à leur travail... ou à le commencer.

> *Certains trouvent la parade en retournant à leur bureau s'ils sont amenés à travailler le week-end.*

Le simple fait de se déplacer à son travail a une fonction de conditionnement et le fait de ne plus aller au bureau le matin, de ne plus avoir d'espace privilégié, est vécu comme une rupture des signes identitaires. C'est ainsi que, confrontés à un univers dépersonnalisé, certains SBF (Sans Bureau Fixe) en arrivent à contourner la règle en prenant toujours la même place au bureau pour marquer leur territoire.

Les aberrations du tout technologique

Mais, face à cette ouverture sur le monde et cette nouvelle liberté, combien de « laisses électroniques » ont été posées (posées par les individus eux-mêmes) ?

Un directeur d'hypermarché raconte : « Chez nous, les responsables ressemblent à des cow-boys avec deux colts à la ceinture. D'un côté, le téléphone portable professionnel, de l'autre, le personnel. »

Un vendredi soir, vers 19 heures, dans un avion qui va décoller. Le week-end commence... non pas tout à fait, mon voisin dégaine son téléphone portable et appelle successivement un collaborateur pour lui demander d'organiser une visite d'usine dans 15 jours puis la maison mère en Allemagne pour faire le compte rendu de sa visite puis... le décollage imminent a été annoncé. J'ai lu des regrets dans le regard de mon voisin...

Des situations telles que celles-ci ont valu à un responsable en entreprise ce cri du cœur : « Un jour, le grand luxe sera d'être injoignable ! »

Les avancées technologiques ne facilitent pas la déconnexion. Les fabricants de matériels tendent à respecter la traditionnelle recommandation donnée dans les stages de gestion du temps : « Limiter vos supports d'organisation, idéalement regrouper votre organisation personnelle sur votre agenda. »

Ainsi, nous assistons à une miniaturisation et une intégration croissante des outils : les ordinateurs multimédia (Internet, fax, visioconférence, agenda partagé...), les téléphones cellulaires multifonctions, qui de plus sont aisément connectables entre eux (terminaux de poches, agendas électroniques, téléphones ou encore dictaphones connectables sur des PC).

Pour bien gérer son temps, cette intégration s'avère pour le moins nécessaire comme le montre ce contre-exemple :

À la fin d'une réunion, tous les participants sortent leur agenda papier pour prendre date. Un responsable annonce qu'il s'absente quelques minutes. Quelques minutes plus tard, il revient avec son micro-ordinateur portable sur lequel se trouve son agenda. Le temps d'allumer la machine, d'ouvrir le logiciel... Les autres sont presque partis... pour mettre à jour leur agenda électronique.

Mais cette sophistication croissante présente également l'inconvénient d'éliminer les « temps morts » qui sont, pourtant, bien vivants : rêver, observer, lire un magazine, lier des contacts. Ajoutons que ces progrès constants ne sont pas suffisants et risquent d'entretenir une illusion techniciste déjà entretenue du temps de l'« Organizer » : « Avec des outils aussi sophistiqués, plus de problèmes de gestion du temps. » Le slogan publicitaire pour l'une de ces merveilles technologiques est évocateur : « Gagnez 47 minutes par jour. » Pour quoi faire, serait-on tenté de dire... Les outils ne résolvent pas les problèmes humains et ne donnent pas de sens au temps.

> *Les TIC apportent des solutions novatrices que ne manquent pas de souligner les technophiles alors que les technophobes mettent l'accent sur les nouveaux risques générés par leur utilisation. Alors, entre ces deux extrêmes, quelle attitude adopter pour mieux vivre son temps à l'ère des TIC ?*

Mieux vivre le temps dans la société postindustrielle des TIC

Avec la société industrielle, le temps était devenu l'unité de mesure de réalisation d'un produit, à la fois pour en déterminer le coût de fabrication et le salaire du producteur. Edward Palmer Thompson [3] note : « Ce qui est déterminant, ce n'est pas la tâche, mais la valeur du temps converti en argent. Le temps est devenu monnaie. »

Ce temps industriel était fondé sur la proportionnalité quasi mécanique entre temps passé, production réalisée et rémunération versée : le travail est directement lié au temps de présence. Comme l'indique Bruno Tiliette[4], rédacteur en chef de la revue *Dirigeant* : « Le travail n'est pas seulement comme le temps, il est le temps. »

L'entreprise industrielle nécessitait la présence physique du salarié sur le lieu de travail mais ce qui était la règle devient progressivement l'exception dans la société de l'information et des services. Il convient d'en tirer les conséquences : « La présence d'esprit est aujourd'hui plus utile à l'entreprise que la présence de corps. »

3. Temps, travail et capitalisme industriel, Payot, 1979.
4. « À la recherche du temps retrouvé », Management et conjoncture sociale, 18 janvier 1999.

> *Que rémunère-t-on quand on fait intervenir un expert ou un consultant : ses heures d'intervention ? Les heures consacrées à la réflexion préalable ? Son niveau d'études ? Son expérience ? Sa créativité ou sa notoriété ou autre chose ?*

Repenser le lien entre temps et efficacité

Cette nouvelle donne – efficacité n'équivaut pas à présence sur le lieu de travail – oblige à déconnecter temps et travail car, dans une société de l'immatériel, le cerveau n'est pas soumis à des horaires mais à de la tension.

Dire que l'ère des TIC amène à travailler plus ou moins renvoie à une conception industrielle du temps de travail alors que la réalité, c'est que nous travaillons différemment. Ce changement appelle de nouvelles réponses.

Il suppose que nous sortions du culte du présentéïsme lié à notre « logique de l'honneur[5] » dans laquelle efficacité et temps de présence sont encore amalgamés. Les managers doivent accepter de perdre le pouvoir discrétionnaire de disposer du temps de leurs collaborateurs. Pour les collaborateurs se pose un problème symétrique : si je ne suis pas présent, comment va-t-on m'évaluer ?

Par ailleurs, à la durée, il convient d'ajouter une autre dimension : la densité du travail. Comme l'indique Yves Lafargues, du Crefac[6] : « Il est devenu difficile de mesurer réellement le temps de travail, car la frontière entre les lieux et le temps de travail et les autres activités s'estompent. De nouvelles formes de travail apparaissent avec le télétravail et la télémaintenance. Il convient donc aujourd'hui d'évaluer le temps de travail mais aussi la densité du travail, la charge de travail ressentie et le temps de travail complet. » À ce titre, il propose même une nouvelle unité de mesure pour intégrer ces différents paramètres : « l'ergostressie ».

Mieux vivre le temps à l'ère des TIC suppose donc que nous changions notre vision quantitative du temps.

---

5. Philippe d'Iribarne, *La logique de l'honneur*, Le Seuil, 1989.

6. www.crefac.com

Développer sa maturité professionnelle

La nomadisation pose la question de la maturité professionnelle de l'individu que nous expliciterons à l'aide de la grille des « degrés de maturité » empruntée à *L'analyse transactionnelle*[7]. Celle-ci, par analogie avec le développement psychologique de l'être humain, définit 4 niveaux de maturité en fonction de la manière dont l'individu prend en charge les différents domaines de sa vie et se positionne face à une figure d'autorité.

Les 4 niveaux de maturité professionnelle

La **dépendance** correspond à un premier niveau de maturité dans lequel la personne attend inconsciemment que ses besoins soient pris en charge par son entourage. En particulier, elle attend que son temps soit structuré, organisé par les autres. Le deuxième niveau de maturité, la **contre-dépendance** correspond à une attitude d'opposition systématique à la figure d'autorité sans proposition de solution. Dans notre propos, elle consiste à blâmer l'entourage de ses problèmes de temps et, à ce titre, à rester dans une forme de dépendance. L'**indépendance**, le troisième niveau de maturité, qui signifie étymologiquement ne pas dépendre, ne pas avoir besoin des autres, correspond à la posture de « l'électron libre » en entreprise. Le collaborateur à propos duquel on dit : « Nous ne savons pas où il est... il n'a pas laissé son planning. » L'**interdépendance**, enfin, correspond à un quatrième niveau dans lequel la personne se prend en charge de façon autonome en sachant également utiliser les ressources de son entourage pour être informé, conseillé ou aidé.

Sur le lieu de travail, le temps est en grande partie structuré par l'organisation, ses rites (les réunions, les entretiens...), le rythme de son activité (la production). L'autonomie existe mais dans un cadre défini. Cette situation satisfait bien les besoins des collaborateurs qui se positionnent dans la dépendance ou la contre-dépendance.

Les exigences du nomadisme

En revanche, le temps hors du lieu de travail n'est pas limité par les contraintes externes. Se pose alors véritablement le problème du choix. « Il n'y a pas de problème de temps mais des problèmes de choix. » Acquérir un degré de maturité plus élevé devient alors essentiel pour bien vivre le nomadisme.

---

7. Claudine Catry, Gilda Dérouet et Jean-Louis Muller, *De l'analyse transactionnelle à l'action transactionnelle*, ESF éditeur, 3e édition, 2002.

À l'heure où nous écrivons ces lignes, un dimanche à 18 heures, sommes-nous en train de travailler, de réfléchir à notre propre gestion du temps, de jouir du plaisir de l'écriture collective, de communiquer avec vous, de capitaliser des compétences, d'utiliser un ordinateur ou de contribuer à notre notoriété ?

La réponse est sans doute multiple mais celle qui compte véritablement, c'est que nous avons décidé de consacrer du temps maintenant à écrire ce chapitre.

> *Le nomadisme, la multiplication des activités, des informations, des sollicitations que favorisent les TIC nécessitent de prendre la responsabilité de l'utilisation de son temps : faire des choix en fonction de ses priorités et de ses objectifs, c'est-à-dire donner du sens au temps. Pablo Picasso a pu dire : « Les ordinateurs sont inutiles. Ils ne peuvent donner que des réponses. » À chacun le soin de questionner le sens de sa vie...*

Enfin, si la vie, personnelle et professionnelle, a des exigences spécifiques, elle a besoin de s'articuler de manière harmonieuse sous peine de discordance de la pensée, de la vie émotionnelle et du rapport au monde extérieur. Aussi, pour bien vivre l'autonomie que procure le télétravail, convient-il de développer des qualités d'autodiscipline et de négocier de nouvelles règles avec son entourage familial.

Spécialiser ses temps de vie et de travail

Comme nous l'évoquions précédemment, l'ambivalence vis-à-vis des lieux de travail et le domicile tient à la confusion entre travail et non-travail qui peut être entretenue par les TIC qui sont à la fois des outils de travail et de loisirs. Le risque est que cette interpénétration ne soit choisie ni par les intéressés, ni par leur entourage.

L'un d'entre nous raconte : « Lors d'un séjour touristique en Bavière dans un gîte rural, j'observai que mon hôte agriculteur, lorsqu'il avait terminé les travaux des champs, passait du bleu de travail au costume-cravate. Autre rôle, autre tenue... »

Peut-être pouvons-nous prendre exemple sur le mode de vie des professions dans lesquelles vie professionnelle et vie familiale s'interpénètrent étroitement – agriculteur, artisan, écrivain, artiste – car ils ont appris à spécialiser leur temps de travail et de loisirs.

Cet expert en assurances dans le domaine des transports, installé en libéral, a choisi de louer une chambre de bonne dans son immeuble, dont il a fait son bureau pour séparer son lieu de travail de son lieu de vie.

Face à la déspécialisation des espaces de travail qui deviennent virtuels et polyvalents et qui risquent de nous transformer en « veufs ou veuves Microsoft dont les conjoints travaillent de 8 heures à 22 heures[8] », il convient de renforcer la spécialisation des temps de détente et de travail :

– en distinguant les rythmes et les moments de travail de ceux destinés à la détente ;

– en prohibant les appels téléphoniques professionnels au domicile à toute heure au nom de pseudo-urgences pour protéger son espace privé ;

– en n'utilisant pas les TIC pendant plusieurs heures ou jours ;

– en ayant des hobbies – sport, activités culturelles, associatives, artistiques ou manuelles – qui permettent de déconnecter véritablement de la sphère professionnelle ;

– en développant des contacts et des relations réelles (et non virtuelles).

Pratiquer l'alternance entre vitesse et lenteur

Le culte de la vitesse touche tous les secteurs de notre vie. Philippe Cruellas[9] indiquait, en 1999, que la durée moyenne de la préparation des dîners en semaine, et sans invités, est passée de 42 minutes à 36 minutes entre 1988 et 1997, et de 60 minutes à 44 minutes le week-end. Qu'en est-il aujourd'hui ? Même lorsque nous avons le temps, nous ne prenons plus le temps.

De même, dans le domaine professionnel, vite est devenu systématiquement synonyme de bien. Les TIC n'ont pas créé l'urgence mais jouent un rôle d'amplificateur du phénomène que Jean-Louis Servan-Schreiber[10] décrivait déjà en 1983 : « Nous travaillons sans recul. Pour un canon, c'est un progrès, pas pour le cerveau. »

Pour être efficace, il convient d'alterner les temps de régate et de croisière[11], les temps de vitesse et de lenteur.

8. Philippe Cruellas, *Le temps autrement*, ESF éditeur, 1999.

9. *Ibidem*.

10. Jean-Louis Servan-Schreiber, *L'art du temps*, Fayard, 1983.

11. François Guiraud, « Les deux temps de la vie », *Management et conjoncture sociale*, janvier 1999.

Le personnel du SAMU confronté à de véritables situations d'urgence allie lenteur, précision et rapidité dans les gestes.

Il faut du temps et de la lenteur pour donner du sens aux informations comme le dit Bruno Jarrosson[12] : « Dans la Bible, les prophètes reprochent aux entrepreneurs de ne pas respecter le sabbat. Ces hommes qui font marcher l'économie manquent de temps et ne respectent plus ce jour de repos qui permet de se mettre en dehors de l'action et de trouver le sens. »

Face à une réalité qui nous incite à aller toujours plus vite, il convient d'alterner les temps de l'action et de la réflexion pour mûrir les décisions, tirer profit de l'expérience, mûrir et s'approprier les idées.

Se centrer sur sa valeur ajoutée

À la question : « Qu'est-ce qui a changé depuis que vous avez été promu ? », les cadres répondent de plus en plus : « Le nombre de mails à traiter. »

Combien de temps est investi aujourd'hui dans ces activités au détriment d'autres ?

Plus que jamais il s'avère indispensable de clarifier la raison d'être et la valeur ajoutée de sa fonction. En effet, les TIC facilitent ou automatisent bon nombre d'activités qui étaient auparavant réalisées par les assistantes. Les logiciels de traitement de texte, tableurs, bases de données, logiciels de présentation et autres téléphones portables ont progressivement entraîné un transfert d'activité des secrétaires vers les responsables.

Développer ses compétences dans l'utilisation des TIC et définir des règles du jeu

Observons ce cadre en train de dactylographier, à deux doigts, un rapport devant le regard amusé de son assistante, ou cet autre, connecté sur Internet, qui reste perplexe devant les milliers de réponses que lui propose la toile.

L'utilisation des TIC fait aujourd'hui partie des compétences indispensables à acquérir et à actualiser pour mieux maîtriser le temps. La technologie évolue trop vite pour que l'on se contente de ses acquis.

---

12. Bruno Jarrosson, *Brisons la dictature du temps*, Maxima, 1996.

Par ailleurs, lorsqu'elle existe, la formation à l'utilisation des TIC se limite trop souvent à des aspects techniques sans apporter de réponses à des questions telles que : quel outil pour quel besoin ? À quel moment ?

Le choix d'un outil doit découler des spécificités de la situation :

– s'agit-il de transmettre une information ?

– a-t-on besoin d'échanger, d'être en relation avec son interlocuteur ?

– le problème est-il urgent ? Important ?

Les quelques recommandations pratiques qui suivent, concernant l'utilisation des principales TIC, ne prendront tout leur effet qu'après cette réflexion préalable.

Les recherches sur Internet

– Clarifiez l'objet de votre recherche.

– Vérifiez qu'il n'existe pas de moyen plus rapide pour trouver l'information.

– Choisissez les moments propices à la connexion : les « autoroutes de l'information » sont encombrées à certaines heures.

– Utilisez des super moteurs de recherche [13] pour accélérer la recherche : ils classent les résultats en fonction de leur pertinence.

– Enregistrez les sites consultés fréquemment pour y accéder plus rapidement la prochaine fois.

L'utilisation des e-mails et des messageries

– Traitez par lots : décidez de la fréquence de consultation de votre messagerie. N'ouvrez votre boîte aux lettres que deux à trois fois par jour. Il faut, en effet, apprendre à résister à la dictature de l'émetteur et à limiter les interruptions de travail pour prendre connaissance des messages.

– Répondez dans un délai raisonnable pour éviter l'avalanche des messages de rappel. Si les messages sont transmis instantanément, la réponse n'a pas à être immédiate en retour.

– Mettez en place des procédures de tri (en fonction de l'urgence ou de l'importance) ou de destruction automatique des mails.

– Évitez de répondre aux mails du tac au tac et privilégiez les rapports humains. Si des problèmes ou des remarques vous sont notifiés par e-mail, n'hésitez pas à répondre par téléphone ou en face à face. Changer de support de communication pour les

13. Par exemple, Google.

échanges permet également de ne pas être dépendant des nouvelles technologies.

– Créez éventuellement une seconde adresse e-mail réservée à un réseau de contacts prioritaires pour vous prémunir d'un flux de messages trop soutenu et non hiérarchisé.

– Choisissez soigneusement vos destinataires directs et en copie pour ne pas « inonder » vos interlocuteurs avec des messages qui ne les concernent pas.

– Créez des listes de destinataires en fonction de vos besoins : intervenants dans un projet, groupe de travail, membres de l'équipe.

– Mettez des titres explicites à vos messages.

– Spécifiez les délais de vos demandes d'information ou d'action.

– N'affectez un ordre de priorité haute qu'aux messages véritablement importants.

– Activez la fonction « absence du bureau » pendant une absence prolongée et transférez les messages vers votre assistante.

– Ne demandez une confirmation de lecture que pour les messages importants pour ne pas encombrer votre messagerie.

– Accusez réception des messages reçus pour inciter les autres à vous répondre.

– Désactivez la fonction permettant de voir les messages arrivés pour ne pas succomber au zapping ou la commutation.

– Créez des répertoires pour classer l'information en fonction de l'importance et de l'urgence des messages (à faire maintenant, à faire, à déléguer, à lire).

– Enregistrez dans un dossier du disque dur les messages que vous souhaitez archiver.

Le respect de la « Nétiquette »

En octobre 1995, le groupe de travail RUN (*Responsible Use of the Network*) de l'IETF (*Internet Engineering Task Force*), l'organisme de normalisation du réseau, a édicté un code de bonne conduite appelé « Les règles de la Nétiquette » connu aussi sous le nom de code « RFC 1855 » (*Request For Comments*).

La Nétiquette, contraction de « Networking Etiquette » (convenance du réseau) est l'ensemble des règles de courtoisie et de façon de s'exprimer sur le Net. Il s'agit d'un manuel de savoir-vivre et du respect d'autrui que les internautes se doivent de connaître afin de préserver l'esprit du Net. Suivre ces règles et ces conseils augmente la qualité des échanges.

Ce manuel de savoir-vivre couvre les communications écrites du Net : mail, chat, newsgroups, listes de diffusion, et s'est même étendu aux pages Web personnelles. Nous vous en rappelons ci-dessous les principales recommandations.

Le bon usage des mails

– Soyez explicite dans l'intitulé de votre message : « objet ».

– Écrivez votre message en minuscules. Les majuscules donnent l'impression que vous criez et ne facilitent pas la lecture.

– Limitez la longueur des lignes à 65 caractères par un retour chariot afin de rendre la lecture plus aisée.

– Soyez concis et ne reprenez pas tout le message de votre interlocuteur, mais par exemple, seulement les phrases nécessaires à une bonne compréhension.

– N'envoyez pas de message qui pèse plus de 50 Ko. Scindez vos fichiers en plusieurs morceaux ou compressez-les.

– Utilisez le symbole underscore « _ » pour souligner ou l'astérisque « * » pour accentuer. Placez ces symboles entre les mots ou les phrases que vous souhaitez mettre en relief dans votre phrase.

– Identifiez-vous clairement par une signature à la fin de votre message. Ne dépassez pas 4 lignes.

– Vérifiez bien le mail de votre destinataire. Faites également attention de ne pas inclure des contacts en copie (cc) et d'envoyer votre mail privé à plusieurs personnes.

Les conseils de prudence

– Renseignez-vous sur les conditions d'utilisation de la messagerie électronique sur votre lieu de travail.

– Évitez de communiquer des données privées. Le courrier électronique n'est pas un moyen plus « confidentiel » qu'une carte postale.

– Sachez apprécier le délai d'attente d'une réponse. Ce temps varie en fonction des personnes, du degré d'importance du message ou tout simplement du décalage horaire.

– Ne répondez pas à un message de l'un de vos interlocuteurs sans avoir lu tous vos messages. Celui-ci a pu vous envoyer un nouveau mail pour vous préciser sa pensée ou annuler sa requête.

– Ne répondez pas sous le coup de la colère à des provocations (*flame*). À défaut, utilisez les expressions « flame on » et « flame off » au début ou à la fin de votre message si vous souhaitez répondre vertement à votre interlocuteur.

– Vérifiez que le message vous est bien adressé et non pas envoyé en copie (cc).

– Méfiez-vous des falsifications et impostures (*hoax*). Certains internautes s'amusent à envoyer de fausses alertes virus ou des messages humanitaires inventés (vous pouvez vous renseigner sur le site www.hoaxbuster.com).

– Souvenez-vous que votre interlocuteur peut avoir une culture, une langue, un humour et des références différentes des vôtres. Servez-vous des « smileys » pour faire passer vos émotions.

Les règles d'éthique et de savoir-vivre

– Respectez les droits d'auteur.

– Demandez l'autorisation de son auteur avant de transférer son mail à quelqu'un d'autre. Ne changez pas les termes de son message ou veillez à ne pas modifier le sens si vous ne gardez que certaines parties.

– Répondez brièvement à votre interlocuteur et prévenez-le que vous lui écrirez plus longuement plus tard si vous manquez de temps. Il est de bon ton de répondre au courrier que l'on vous envoie.

– Trouvez le bon interlocuteur : sachez demander une aide à la bonne personne. En clair, n'importunez pas le premier contact venu avec une question générale.

– Bannissez la publicité (pour votre entreprise ou un produit) dans vos mails tout comme les lettres-chaînes qui vous demandent de transférer un message à plus de personnes possible. En clair, le *spamming*[14] est malvenu.

– Pas de propos malveillants dans vos messages, cela va de soi…

---

14. Le *spamming* consiste à expédier plusieurs messages identiques à un grand nombre de groupes de discussion Usenet (*newsgroups*). Il est également utilisé pour décrire le courrier électronique non sollicité et le bombardement d'une boîte de courrier électronique par l'envoi d'une quantité astronomique de messages.

De la bonne utilisation du téléphone portable

– Posez-vous la question : est-il indispensable d'appeler maintenant?

– Sélectionnez les personnes à qui vous laissez votre numéro de portable.

– Jouez la discrétion en réglant la sonnerie à un niveau très faible ou en utilisant le vibreur s'il existe et en vous isolant pour téléphoner.

– Activez la messagerie pendant les temps relationnels : réunions, entretiens, discussions informelles.

– Définissez des règles d'utilisation du téléphone portable en fonction de vos différents temps de travail. À ce titre, il est important de prendre conscience de son temps de travail complet : le temps direct (au bureau, chez le client...), le temps indirect (chez soi) et enfin le temps induit (notamment lors des déplacements...). Pour chacun de ces temps, définissez des règles précises et ayez le courage d'éteindre votre téléphone en soirée et le week-end afin de couper réellement.

– Investissez éventuellement dans un second portable personnel, que vous utiliserez en dehors du travail.

Les TIC, en même temps qu'elles permettent d'accéder à des informations illimitées, de garder le contact au-delà des distances, amplifient des tendances connues : renforcement de l'urgence, travail en miettes, stress.

Refuser les TIC consisterait à refuser la réalité du travail du XXIe siècle [15]. Croire en la toute-puissance de la technologie pour résoudre tous les problèmes est un autre leurre.

Intégrer les TIC dans sa vie (professionnelle et personnelle) suppose à la fois une démarche personnelle et collective pour appliquer les recommandations précédentes et régler les questions en suspens : la conception du temps de travail, la définition du temps de travail efficace, le partage de l'emploi, la définition de nouvelles règles du jeu.

15. Denis Ettighoffer, *Le travail au XXIe siècle*, Dunod, 1995.

Les variables du temps

Pour surmonter les pièges de l'instantanéité, ne raisonnons plus en termes de chronologie mais en qualité de temps. L'adage « autres temps, autres mœurs » se transforme en « autres temps, autres mesures du temps ».

Le couple espace/temps s'enrichit et se complexifie au rythme des progrès de l'humanité depuis l'ère préhistorique. L'un des fils conducteurs de l'Histoire est le rythme d'expansion des territoires connus. Des sauts technologiques produisent des effets « turbo ». L'invention de l'écriture puis celle de l'imprimerie ont permis de publier en nombre les cartes maritimes confinées au secret dans les coffres royaux. L'électricité et les ondes hertziennes ont fait émerger la société de l'information. La fission nucléaire ouvre les portes du cosmos.

Au temps des Phéniciens, il suffisait de quatre nombres pour mesurer les objets, le temps et l'espace : un, deux, un petit peu et beaucoup. Le temps fut longtemps compté en saisons. Maintenant nous en sommes aux fractions de secondes. Plus la mesure se précise, moins une heure ressemble à une autre heure.

La maîtrise du temps s'apparente à l'endocrinologie : ce n'est pas la quantité de nourriture qui compte mais les calories, les vitamines et les apports en lipides, protides et glucides. La qualité l'emporte sur la quantité.

Le chronomètre n'est plus l'unique outil de mesure du temps

La gestion du temps dans l'entreprise était confinée depuis le début du siècle à la chasse aux activités chronophages et à l'optimisation des flux et des procédures. Gagner du temps signifiait gagner des secondes. Depuis une vingtaine d'années, avec le management par la qualité, il convient de marier « bien fait » et « vite fait ». De nombreux cadres, techniciens et agents de maîtrise s'entendent reprocher qu'ils « ont la tête dans le guidon » en confondant vitesse et précipitation.

Les unités de mesure du temps ne parviennent plus à nous rendre efficients dans les entreprises en devenir où le présent immédiat se compresse et où le travail manuel laisse la place à la compétence intellectuelle. On peut mesurer et optimiser la vitesse d'une ligne de production mais comment faire avec les temps d'innovation, de résolutions de problèmes et de coopération ?

Avec l'outil de mesure chronologique, une heure est décomposée en 60 minutes où chacune d'entre elles produit un effet sur la suivante à l'infini. Celles et ceux qui se représentent cette heure en 60 minutes se sentent impuissants lorsqu'on leur annonce qu'ils devraient mieux gérer leur temps. Ils pensent : « Je n'ai qu'une tête, deux bras et deux jambes ! Comment voulez-vous que j'en fasse plus alors que je travaille déjà à la limite du raisonnable ! » Cette plainte se transforme en angoisse au moment où la loi des 35 heures les incite à s'organiser et organiser leurs équipes en temps réduit.

L'approche quantitative ne peut plus résoudre la quadrature du cercle. Passons à une évaluation qualitative où une heure n'égale plus une heure.

> *La question n'est plus combien dure une heure, mais comment passer une heure.*

Une séquence temporelle contient 7 variables qui interagissent entre elles : l'effort physique, la charge mentale, le stress, le risque relationnel, le plaisir, l'efficience probable, la capitalisation. Décrivons ces 7 variables.

Les 7 variables d'une séquence temporelle

Variables du temps	Descriptif
Effort physique	Gestes et postures, répétition, cadences, charges, température, horaires et déplacements.
Charge mentale	Apprentissage de nouveaux concepts et méthodes, coopération multidisciplinaire et interculturelle, mémoire, ambiance sonore…
Stress	Intensité, événement impromptu, dramatisation des enjeux, changements subis, anxiété sur l'avenir.
Risque relationnel	Jeux de pouvoirs, manipulation, agressions, soumission, jalousie, rancœur, mots qui vexent ou fâchent.
Plaisir	Plaisir d'apprendre, émulation collective, reconnaissance, perspectives d'avenir, découverte
Efficience probable	Conséquences de la séquence sur la réalisation des objectifs ou du projet.
Capitalisation	Enseignements, processus et procédures qui enrichissent nos banques de données.

Trois exemples de séquences

Prenons trois séquences différentes pour un manager dans une entreprise de service : un déplacement en avion à 7 heures le matin, une réclamation virulente d'un client au téléphone, une heure de course à pied dans un parc pour réfléchir à l'annonce d'une décision importante.

Séquence 1 : déplacement en avion à 7 heures le matin

Variables du temps	Très élevé	Élevé	Faible
Effort physique	Réveil à 5 heures du matin. Poids de l'ordinateur portable et de la valise.		
Charge mentale			Dans le « brouillard » du réveil.
Stress		Le taxi réservé va-t-il arriver à l'heure ? L'avion va-t-il décoller à l'heure ?	
Risque relationnel		Risque de réveiller les enfants.	
Plaisir			Tout le monde dort encore dans l'appartement. Petit déjeuner « sur le pouce » seul.
Efficience probable	La réunion de travail prévue doit déboucher sur une innovation majeure.		
Capitalisation		Idée de partir le soir la prochaine fois, dormir à l'hôtel pour être « frais » pendant la réunion	

Séquence 2 : réclamation virulente d'un client au téléphone

Variables du temps	Très élevé	Élevé	Faible
Effort physique			Sauf si l'appel survient en soirée après une journée harassante.
Charge mentale			Écoute du client.
Stress	Le client, à partir de faits précis, émet des jugements de valeur très négatifs sur la qualité du service.		
Risque relationnel	Possible escalade symétrique : se défendre en contre-attaquant. Possible soumission : tout céder pour clore le conflit.		
Plaisir			Remontrances, dévalorisations, culpabilité…
Efficience probable	Une réclamation bien traitée accroît la probabilité de fidélisation du client : « bienvenue aux problèmes ».		
Capitalisation	Analyse des causes et actions préventives.		

Séquence 3 : course à pied dans un parc pour réfléchir à l'annonce d'une décision importante

Variables du temps	Très élevé	Élevé	Faible
Effort physique		Voire très élevé si le manager n'est pas habitué à courir pendant une heure.	
Charge mentale			Les tenants et les aboutissants de la décision sont déjà pensés.
Stress			De surcroît, les couleurs d'automne sont magnifiques.
Risque relationnel		Si le manager travaille dans une entreprise où le seul temps de présence est considéré comme temps effectif.	Exercice solitaire.
Plaisir	Sensation de liberté et de légèreté.		
Efficience probable	Élaboration de la stratégie d'annonce de la décision. Anticipation des réponses aux objections. Évaluation des conséquences probables de la décision.		
Capitalisation	Bon pour la santé		

Aujourd'hui, la question pertinente n'est plus :
« Comment gagner du temps ? »,
mais « Comment donner du sens à son temps ? »

Les 7 variables, nouvelles mesures du temps, sont subjectives. Elles dépendent du contexte, des enjeux, de l'éducation, des mœurs propres à l'entreprise, de la résistance physique, de l'entraînement mental, de l'intuition, de l'accès aux émotions... Nous sommes par essence différents devant la même séquence temporelle. La résistance à la fatigue et au stress des uns rend jaloux ceux qui sont décontenancés à la moindre contrariété.

Par exemple, un manager qui se sentirait très coupable de courir dans un parc pendant que ses collègues sont au bureau n'aurait pas les mêmes évaluations que celui présenté dans l'exemple précédent.

Il convient donc de s'appliquer à soi-même ces 7 variables pour donner du sens à son temps. L'idéal théorique, au demeurant inexistant, serait d'obtenir les scores les plus faibles possibles en effort physique, charge mentale, stress, risque relationnel, et les plus élevés en plaisir, efficience probable et capitalisation. À quoi sert de gagner du temps si les conséquences de ce gain sont plus de stress, moins de plaisir et moins d'efficience ?

Mesurons à l'aune des 7 variables subjectives la rédaction de cette partie rédigée en 6 heures un dimanche à la campagne.

Pour certains, cette démarche est iconoclaste : « Travailler le dimanche alors que c'est le jour du seigneur ! » Pour d'autres, la rédaction d'un chapitre pendant le week-end est une impossibilité ; par exemple, s'ils élèvent trois enfants en âge scolaire ou s'ils ne bénéficient pas d'un bureau isolé pour se concentrer. Pour d'autres encore, le temps de travail doit être effectué au bureau et il ne saurait être question de rédiger un article professionnel pendant le week-end.

Cette activité, légitime pour l'auteur, peut être un sujet d'admiration, de mépris, de jalousie ou d'envie. Le temps est soumis aux valeurs et aux émotions. Notons que des consultants aimeraient rédiger le dimanche, mais par perfectionnisme ou modestie, ils n'osent pas s'investir dans l'écriture.

Donc vous l'aurez compris, la rédaction de ce chapitre un dimanche est pour son auteur une séquence temporelle admise.

Reprenons les 7 critères mesurés par l'auteur pour la rédaction de ce passage en sachant qu'un autre auteur pourrait les évaluer différemment.

Variables du temps	Descriptif
Effort physique	Très faible, hormis le transport de l'ordinateur portable, son branchement et les mouvements des doigts sur le clavier.
Charge mentale	Élevée, car c'est la première fois que l'auteur aborde la gestion du temps sous l'angle des 7 variables.
Stress	Très faible, d'autant plus que l'épouse de l'auteur adore jardiner seule.
Risque relationnel	Élevé : si le livre rencontre un succès et déclenche de l'envie ou de la jalousie pour des collègues qui avaient un sujet similaire. Élevé aussi si l'épouse de l'auteur pense qu'il pourrait jardiner avec elle ou aller se promener dans la campagne avoisinante.
Plaisir	Très élevé : plaisir d'écrire en écoutant de la musique, installé devant la cheminée.
Efficience probable	Très élevée, dans la mesure où la Cegos fait évoluer son offre sur la gestion du temps. Faible, si les idées présentées ne sont pas retenues.
Capitalisation	Très élevée, ce livre pouvant faire l'objet d'articles dans plusieurs revues. Les 7 critères peuvent être déclinés en exercices au cours de nos séminaires sur la gestion du temps.

Lorsque le travail avait uniquement une composante physique, les collaborateurs étaient certes fatigués, voire épuisés, mais ils laissaient leurs contraintes professionnelles au vestiaire avant de quitter l'entreprise. Souvenons-nous des sorties d'usine ressemblant à une nuée d'abeilles, dès la sonnerie enclenchée. Le temps de travail était alors équivalent au temps de présence, les congés étant un repos bien mérité. Subsistent encore en Europe, et encore plus dans les pays en développement, des configurations similaires.

La société postindustrielle se muant en société de l'information, le contenu du travail est de moins en moins physique et de plus en plus intellectuel. Pourtant, les modèles de gestion du temps de type « gagner du temps » sont encore vivaces alors qu'ils correspondent à l'Organisation scientifique du travail chère à Taylor, Fayol et Ford.

Le stress change de nature. Il a été pendant plus d'un siècle généré par les rythmes imposés par les machines. Il est aujourd'hui et sera encore plus demain la résultante de pressions intellectuelles et affectives. L'heure de sortie n'annule pas les problèmes qui encombrent le cerveau.

> *Arrêtons de nous représenter le temps comme une succession de secondes, de minutes et d'heures identiques s'égrenant à l'infini. Pensons le temps différemment pour l'utiliser autrement. Représentons-nous le temps dans ses composantes et acceptons que l'inaction soit aussi fructueuse que l'action, quitte à démentir le proverbe : « L'oisiveté est la mère de tous les vices. »*

✔ Test du chapitre 2

Voici une liste d'expressions ou de pensées dites ou vécues pendant des séquences temporelles, à quels critères correspondent-elles ?

Cochez la (ou les) cases des critères correspondants.

1 : effort physique
2 : charge mentale
3 : stress
4 : plaisir
5 : risque relationnel
6 : efficience probable
7 : capitalisation.

Liste d'expressions	1	2	3	4	5	6	7
1. Encore une réunion après 18 heures ! Notre manager ne semble pas savoir que trop, c'est trop !							
2. Cet échange peut vous paraître inutile sur l'instant mais produira ses effets à la longue.							
3. J'espère que je n'ai pas été trop violent dans mes propos. Mes mots ont dépassé ma pensée.							
4. Je ne pensais pas que cet entretien pourrait nous enrichir autant.							
5. Encore le téléphone qui sonne inlassablement !							
6. Pendant que je rédige ce rapport, je vais me passer ce disque sur le lecteur de CD-Rom.							
7. L'avion a encore une heure de retard et, en plus, mon téléphone portable est déchargé !							
8. Cette grand-messe, c'est « langue de bois et compagnie ». De beaux discours, mais rien ne change.							
9. Ah, c'est trop ! Au moins une heure d'embouteillages après ces trois réunions !							
10. Avant de prendre cette décision, anticipons ses effets pervers.							

Corrigé page 196.

3
DE LA GESTION AU LEADERSHIP DE SON TEMPS

À travers notre expérience d'intervenants dans le domaine de la « gestion » du temps, nous sommes frappés par le constat suivant : certaines personnes se plaignent de problèmes de gestion du temps alors qu'elles ont un nombre limité d'activités professionnelles et personnelles, des horaires de travail qui paraissent « confortables » ; d'autres sont débordantes d'activités professionnelles, familiales, associatives, culturelles ou sportives et... sont satisfaites de l'utilisation de leur temps.

Comment expliquer ce paradoxe et comment le résoudre ? C'est à ces questions que nous nous proposons de répondre dans ce chapitre.

Comment nous nous piégeons avec le temps

Le paradoxe mentionné précédemment n'est qu'apparent et met en évidence le fait que notre conception, notre paradigme traditionnel du temps s'avère inefficace aujourd'hui.

Pour éclairer nos propos, nous ferons brièvement mention des travaux de l'anthropologue Edward T. Hall[1], qui a examiné la manière dont le temps est vécu dans les cultures du Nord et celles du Sud. Il a mis en évidence le fait que le rapport au temps est profondément culturel. Il a distingué les cultures monochrones des cultures polychrones dont le tableau ci-dessous résume les principales caractéristiques.

1. Edward T. Hall, *La danse de la vie, temps culturel, temps vécu*, Le Seuil, 1984

Deux cultures du temps

Comportements monochrones	Comportements polychrones
Événements organisés en unités séparées « une chose à la fois ».	Capacité à traiter plusieurs événements, affaires ou relations en parallèle.
L'organisation a un caractère « sacré ».	À l'aise avec l'imprévu.
La vie, aussi bien privée que professionnelle, est programmée avec des priorités.	Peu d'ordre admis, des projets peuvent être modifiés jusqu'à la minute de leur exécution.
Adhésion à un horaire préétabli.	Rendez-vous facilement reportés ou annulés.
Importance accordée à une heure précise : heure, demi-heure, quart d'heure.	Horaires peu précis : demain matin…
Difficultés à vivre l'attente.	Le temps est rarement considéré comme perdu.
Respect pour l'engagement écrit.	L'accent est mis sur l'engagement verbal et l'accomplissement du contrat.
Porte fermée; sphère privée; confidentialité.	Porte ouverte; discussions publiques.
Temps = réalité tangible « gagné, perdu, passé, inventé, tué… ».	Se dépense, se vit au moment présent.
Interruptions très mal perçues.	Interruptions « bienvenues ».
Séparation vie personnelle et professionnelle.	Vies professionnelle et personnelle perméables.

La dominante monochrone concerne la plupart des pays et régions des pays du Nord de l'Europe et le continent américain. Le système polychrone domine dans les pays du Sud de l'Europe et dans l'ensemble du Bassin méditerranéen. Il est également très fortement présent dans les pays d'Amérique Latine et du Sud.

Et la France, direz-vous? Nous vivons un paradoxe fort : alors que notre culture latine nous portait à la polychronie, nous avons opté pour des modes de management importés des États-Unis à forte culture monochrone, modèle renforcé par notre système d'éducation très linéaire.

Il ressort du tableau précédent que, dans une culture monochrone :

Le temps est une ressource quantifiable qui se gère. Les expressions telles que « gagner du temps », « perdre son temps » renvoient à cette conception comptable, arithmétique du temps. Nous verrons que si elle a pu montrer son efficacité dans une société industrielle, elle s'avère inopérante aujourd'hui. Nous lui opposerons cette observation de Jean-Louis Servan-Schreiber dans *L'art du temps*[2] : « Le temps est la ressource la plus démocratique qui soit, nous avons tous 24 heures dans une journée. »

Le temps est une ressource externe à l'individu. Ici également, les expressions courantes sont significatives de notre conception du temps : « avoir ou ne pas avoir le temps » comme si le temps nous était octroyé par l'extérieur.

Alors comment s'en sortir ?

Passer de la gestion du temps au leadership personnel du temps

La monochronie a permis de développer la culture technologique et les organisations productrices de progrès du XXe siècle. L'Organisation scientifique du travail témoigne des performances de la monochronie. Mais les événements inopinés, les changements chaotiques et la complexité des organisations actuelles montrent les limites de ce modèle monochronique et nous obligent à intégrer des éléments de la culture polychronique.

Faisons un parallèle entre les évolutions des modes de management dans l'entreprise et les évolutions sur la conception du temps.

Quels que soient les modèles cherchant à illustrer les évolutions du fonctionnement de l'entreprise au cours du XXe siècle et au début du XXIe, ils font état d'une adaptation des organisations en trois phases correspondant à des niveaux d'incertitude et de complexité croissants.

2. Jean-Louis Servan-Schreiber, *L'art du temps*, Fayard, 1983.

La gestion du temps

Une première phase au cours de laquelle la gestion, « l'administration des choses », permettait de gérer des situations connues, de stabilité, avec peu d'incertitude. Le temps est linéaire, mesuré, contrôlé par l'organisation et proportionnel à la production. Plus l'on consacre de temps au travail et plus l'on est productif. C'est l'âge d'or de l'Organisation scientifique du travail.

La gestion du temps s'inscrit dans la même mouvance monochrone. Le gestionnaire du temps efficace est celui qui sait planifier, organiser pour respecter les délais. Posture efficace dans un univers de forte stabilité. Souvenons-nous des chronométrages en usine où le temps et la productivité sont synonymes.

Le management du temps

Une deuxième phase de management est intervenue comme une réponse à des contextes de complexité et d'incertitude plus importants. C'est la reconnaissance implicite de la liberté de manœuvre des collaborateurs et du fait qu'ils ont du temps à leur discrétion. L'avenir reste néanmoins prévisible.

Cette deuxième étape correspond au management du temps qui, sans renier la période précédente, intègre que, face à une charge de travail croissante, la hiérarchisation des activités et la délégation deviennent indispensables.

Le leadership du temps

Pourquoi parler autant de leadership aujourd'hui ? Le management ne suffit plus pour gérer les situations complexes, le leadership est nécessaire. Face à un avenir imprévisible, l'entreprise a besoin de leaders. Ajoutons que le temps de travail est éclaté, que les trois règles d'unité de lieu, de temps et d'action n'ont plus de sens et que, dans une société de l'information, l'efficacité est en grande partie déconnectée de la quantité d'heures travaillées.

La capacité à traiter simultanément plusieurs événements, l'acceptation des imprévus, d'une plus grande porosité entre vie professionnelle et personnelle qui sont quelques-unes des caractéristiques d'une culture polychrone, deviennent nécessaires à l'efficacité.

Par ailleurs, de même que l'avenir collectif est incertain et requiert des leaders porteurs d'une vision et d'un projet d'avenir, les individus deviennent leurs propres leaders.

Le tableau ci-dessous résume les caractéristiques de ces trois phases [3] :

Les différents rôles	**Ce qu'il fait**	**Les questions qu'il se pose**	**Culture du temps**
Le gestionnaire du temps	FAIRE Contenu Savoir, savoir-faire Organisation, planification Délais	Que faire ? Combien de temps ? Dans quels délais ?	Monochrone
Le manager du temps	FAIRE FAIRE Programme Procédures Méthodes Processus Moyens Délégation Calendrier et agenda Prévision Hiérarchisation des activités	Comment faire ce que j'ai à faire ? Comment faire faire ? Faire les choses comme il faut Gravir les échelons de l'échelle	Monochrone
Le leader du temps	POURQUOI FAIRE ? POUR QUOI FAIRE ? Vision Finalités Projet Sens Valeurs Gérer sa personne	Où vais-je ? Pourquoi je fais ce que je fais ? Faire ce qu'il faut Choisir l'endroit où poser l'échelle	Monochrone et polychrone

3. D'après Catherine Lainé, Étienne Roy et Emmanuel Portanéry, *Révélez vos talents de leader*, ESF éditeur, collection CEGOS, 2004.

Comment assurer le leadership personnel de son temps

Assurer le leadership personnel de son temps, c'est faire sien un certain nombre de principes que nous allons détailler dans la suite de ce chapitre :

– considérer le temps comme une démarche de l'intérieur vers l'extérieur ;

– assumer le concept de choix, de détermination personnelle. Se mettre aux commandes pour passer du temps subi au temps choisi ;

– adopter une démarche cohérente et progressive pour passer de la vision à l'action.

Considérer le temps comme une démarche de l'intérieur vers l'extérieur

Nous avons évoqué précédemment comment nous nous piégeons avec le temps en le considérant comme une ressource externe et quantifiable. Cette conception traditionnelle et occidentale du temps, qui va de l'extérieur vers l'intérieur, propose de se centrer sur le faire et l'avoir et s'intéresse peu à l'être.

Elle privilégie les outils, les techniques et les biens matériels (l'agenda, le planning, le PDA), et les présente comme la solution à nos « maux de temps ».

Elle n'est pas porteuse de sens et il convient de définir qui je suis, qui je veux être avant de se poser la question de ce que je veux faire ou avoir.

> *Il s'agit ici d'une vision orientale et taoïste du temps, pas toujours évidente pour les Européens, mais que nous devons cultiver si nous voulons devenir des leaders de notre temps.*

Prendre la responsabilité de sa vie

Revenons sur le paradoxe que nous évoquions au début de ce chapitre : d'un côté, certaines personnes ont une multitude d'activités professionnelles et extraprofessionnelles sans se plaindre de problèmes de temps; d'un autre côté, des personnes semblent moins occupées mais se plaignent de manquer de temps, de mal vivre le temps.

Un autre élément d'explication nous semble être le suivant : dans le second cas, les personnes subissent le temps comme si elles n'avaient pas de pouvoir sur leur temps, comme si elles n'avaient pas le choix et étaient dans l'incapacité de savourer le temps.

Dans le premier cas, les personnes se sentent dans la posture de choisir de manière consciente l'utilisation de leur temps et d'assumer leur choix.

Dans son modèle de l'élément humain, Will Schutz définit le concept de choix comme suit :

« Par choix, nous entendons l'acceptation de notre totale responsabilité dans les circonstances de notre vie et par rapport à nos réactions. Nous prenons ainsi la responsabilité de l'impact et des conséquences de notre comportement sur les autres. Quand quelque chose ne va pas, nous cherchons à comprendre comment nous y avons contribué et nous nous concentrons sur la recherche de solutions plutôt que sur la recherche du coupable. Cela signifie que nous sommes prêts à accepter, maintenir et/ou renégocier des accords en fonction de situations particulières[4]. »

Illustrons de manière concrète les conséquences de cette hypothèse en matière de temps.

Passer du temps subi au temps choisi

« Ne pas avoir de recul est une excellente chose pour un canon et la pire des choses pour notre cerveau », nous dit Jean-Louis Servan-Schreiber dans *L'Art du temps*.

Éclairons la distinction entre le temps subi et le temps choisi à travers la matrice d'Eisenhower, qui permet de hiérarchiser les activités en fonction de leur urgence et de leur importance.

En effet, nous sommes en permanence confrontés à des sollicitations considérées par nos interlocuteurs comme urgentes et importantes.

Qui n'a pas connu et ne connaît pas la dérive inflationniste de l'urgence : les notes urgentes puis TU (Très Urgent) avant d'être TTU (Très Très Urgent) sans oublier le ASAP (*As Soon As Possible*) ou encore les mails qui sont tous affichés en « Priorité Haute ». Si tout est prioritaire, plus rien ne l'est.

---

4. BCONWSA international, traduit et adapté de l'américain par la Cegos.

Commençons donc par clarifier ces deux notions d'urgence et d'importance.

L'urgence

Au sens strict, l'urgence renvoie à minimiser les risques. Elle s'évalue à travers les réponses que l'on apporte à la question suivante : « Quelles sont les conséquences du non-traitement immédiat ? »

> *Prenons un exemple tiré de l'expérience de l'un d'entre nous : vous arrivez dans un service d'Urgences en milieu hospitalier avec de fortes douleurs à un poignet (il est probablement fracturé). Si vous êtes seul dans la salle d'attente, votre cas sera pris en charge immédiatement mais imaginez, qu'au même moment, une personne arrive dans un état plus grave, que va-t-il se passer ? Votre poignet attendra.*
>
> *Une réponse implicite a été apportée à la question : « Quelles sont les conséquences du non-traitement immédiat ? » Dans le cas de votre poignet, « c'est douloureux », alors que peut-être, pour l'autre personne, la réponse est : « elle risque de décéder ». Et pourtant, pour vous, c'était urgent et important.*

Retenons de cet exemple que l'urgence est relative et qu'il convient d'évaluer le degré d'urgence des activités les unes par rapport aux autres.

L'importance

L'importance d'une activité s'évalue à travers les réponses que l'on apporte à la question : « Quelles sont les conséquences du non-traitement ? » sans notion de délais. Est important ce qui va dans le sens des valeurs de la personne et ce qui constitue la valeur ajoutée de sa fonction.

Du « tout urgent, tout important », on en arrive à distinguer quatre types d'activités, comme l'illustre la matrice d'Eisenhower ci-dessous.

Les quatre types d'activités

	Important	**Peu important**
Urgent	I U/I	III U/PI
Peu urgent	II PU/I	IV PU/PI

Les activités du quadrant I correspondent aux activités urgentes/-importantes qui sont prioritaires. Les activités du quadrant II sont les activités d'avenir, de réflexion, d'anticipation. Les activités du quadrant III sont urgentes (délais courts) et peu importantes. Les activités du quadrant IV sont comparativement peu urgentes et peu importantes.

Lorsqu'on ne se met pas dans une posture de choix, on tend à traiter l'ensemble des activités et des sollicitations dans un schéma stimulus réponse ; une sollicitation, je traite... à l'image d'un réseau de chemin de fer à une seule voie.

Le schéma ci-dessous illustre ce fonctionnement en temps subi.

	Important	**Peu important**
Urgent	I Je traite	III Je traite
Peu urgent	II ?	IV Je traite

Les activités importantes-urgentes (quadrant I) et peu importantes-urgentes (quadrant III) sont généralement traitées.

Vous êtes peut-être étonné de voir que les activités peu importantes et peu urgentes (quadrant IV) sont traitées. Pourquoi prêtons-nous autant d'attention à ce qui peut sembler accessoire ? Ces activités présentent des caractéristiques pour le moins attrayantes : elles sont courtes, plaisantes, faciles (vous avez la compétence), gratifiantes (elles rendent service à quelqu'un). Autant de « bonnes » raisons de succomber à la tentation.

Ce sont les activités importantes et peu urgentes (quadrant II) qui pâtissent le plus de ce mode de fonctionnement. Il s'agit du travail de réflexion, d'anticipation, des projets à long terme, tâches qui, si l'on n'y prête pas attention, demeurent importantes et deviennent urgentes ou très urgentes.

Le temps subi s'illustre dans des expressions courantes entendues à la pause déjeuner ou en fin de journée (« Je n'ai pas arrêté et je n'ai rien fait »). Paradoxe apparent qui traduit le fait que la personne n'a pas cessé de s'activer mais n'a pas pris le temps de traiter ses activités prioritaires.

Se mettre en posture de choix, de temps choisi, c'est, comme l'illustre le tableau ci-dessous, créer une gare d'aiguillage et, face à une sollicitation, se poser la question : « Est-ce que je traite ? Je délègue ? Je reporte ? Je laisse ? » Le choix s'intercale entre le stimulus et la réponse.

	Important	**Peu important**
Urgent	I Je traite	III Je délègue Je traite
Peu urgent	II Je traite	IV Je délègue Je reporte Je laisse

Se centrer sur son cercle d'influence[5]

Certains objecteront que ce choix est limité car nous sommes tous confrontés à des contraintes professionnelles et personnelles qui limitent nos marges de manœuvre : l'organisation, la hiérarchie, l'entourage familial...

Alors, imaginez cette situation de la vie courante :

> *Vous êtes coincé dans un embouteillage pendant une heure. Regardez autour de vous et vous constaterez que certains automobilistes se lamentent de la perte de temps, d'autres pestent contre cette contrainte en klaxonnant sans cesse... pendant que d'autres profitent de cette opportunité pour lire le journal ou écouter de la musique.*

La réalité objective est identique pour tous. Alors comment analyser ces différences de comportements ?

Les premiers (ceux qui pestent, klaxonnent...) sont dans un schéma de temps subi car ils rendent l'environnement responsable de leur mésaventure, ils concentrent leur attention sur des contraintes sur les-

5. Stephen Covey, *Les sept habitudes de ceux qui réussissent tout ce qu'ils entreprennent*, First Éditions, 1996.

quelles ils ne peuvent pas agir, sur lesquelles ils n'ont pas de pouvoir : le cercle des préoccupations.

Pendant ce temps, les autres se centrent sur les éléments sur lesquels ils peuvent agir, leur cercle d'influence. Ils considèrent l'embouteillage comme une donnée.

> *Assurer le leadership de son temps, c'est considérer les événements comme des données et se poser la question suivante : « Face à cette situation, qu'est-ce que je choisis de faire ? »*

Le tableau ci-dessous résume la différence de posture entre le temps subi et le temps choisi.

	Temps subi	**Temps choisi**
Les activités	Toutes les activités sont urgentes et importantes.	Les activités sont hiérarchisées en fonction de leur urgence et de leur importance.
Centration sur…	Le cercle des préoccupations	Le cercle d'influence
L'environnement est vécu comme…	Une contrainte	Une donnée
Le mode de fonctionnement	Stimulus-réponse Traiter	Stimulus-choix-réponse Traiter Déléguer Reporter Laisser

Si la posture du choix est indispensable pour assurer le leadership de son temps, elle n'est pas suffisante. Il convient de répondre à la question : « Comment traduire cette posture au quotidien ? »

Adopter une démarche cohérente et progressive pour passer de la vision à l'action

La démarche que nous vous proposons a pour objectif de vous aider à traduire au quotidien votre nouvelle posture de leader de votre temps.

Le tableau ci-dessous illustre les transpositions possibles entre la notion de leadership au domaine du temps en prenant appui sur l'outil niveaux logiques développé par Robert Dilts et la démarche d'alignement de vos niveaux de temps que vous allez mener dans les pages suivantes.

Niveaux logiques	Alignement des niveaux de temps	Questions
Mon idéal du monde Le sens de la vie pour moi	Mon étoile du berger Ma vision du monde	Pour quoi ? Quelle finalité ? Ce que je veux être/faire/avoir
Mon identité Ce que je suis Ma cohérence interne	Mes rôles	Pourquoi ? Ce qui a du sens pour moi
Mes croyances et mes valeurs Comment je perçois le monde	Mes motivations	Ce qui est important pour moi
Ma capacité Ce qui est possible pour moi	Mes objectifs par rôles Les moyens à mettre en œuvre	Comment ?
Comportements Ce que je fais	Mes activités prioritaires	Quoi ?
Environnement	Mon contexte Les spécificités de mes différents rôles	Où et quand ?

Décrire son étoile du berger[6]

> *« Monsieur le Chat, dit Alice, voudriez-vous, s'il vous plaît, me dire quelle direction je dois prendre ? Cela dépend dans une large mesure de l'endroit où vous voulez vous rendre, répondit le chat. »* (Lewis Carroll dans *Alice au pays des merveilles*).

Une recommandation fréquente dans les ouvrages ou les stages de gestion du temps consiste à demander d'agir en fonction de ses prio-

6. Inspiré par Stephen Covey, *Les sept habitudes de ceux qui réussissent tout ce qu'ils entreprennent*, First Éditions, 1996.

rités, mais la notion de priorités recèle des pièges dans lesquels nous tombons parfois.

Tout d'abord, la notion de priorité est à la fois employée pour désigner des activités prioritaires à réaliser à court terme et pour qualifier des finalités, des priorités permanentes qui guident l'action sur le long terme.

Par ailleurs, le fait de définir des priorités dans différents domaines de sa vie s'avère insuffisant pour garder le leadership.

> *Prenons un exemple : votre patron vous demande de terminer ce soir un dossier très urgent qui doit être remis au Président demain à la première heure et... vous avez prévu depuis longtemps d'emmener votre femme et vos enfants au spectacle. Que faire ? Votre réussite professionnelle est une priorité et votre vie familiale également.*

Nous pourrions multiplier les exemples de situations de la vie professionnelle et personnelle qui nous confrontent à des priorités contradictoires ou qui nous semblent incompatibles. Comment choisir et sortir de ces logiques de « ou... ou » qui génèrent frustration et malaise et passer au « et... et » sans perdre le Nord ?

Arbitrer entre des priorités de même niveau ne permet pas de résoudre la contradiction et il convient de définir une méta-priorité pour réconcilier se qui semble inconciliable.

Les auteurs la nomment sous différentes appellations : Robert Dilts[7] et Stephen Covey parlent de « mission », de « projet de vie », de « constitution personnelle », pendant que Paolo Coelho évoque la « légende personnelle[8] » ou encore Meryem Le Saget « le rêve de vie [9] ». Nous reprendrons quant à nous le concept « étoiles » de François Delivré[10] que nous mettrons au singulier.

> *L'aventurier qui marche dans le désert de nuit s'oriente en suivant l'étoile du berger qui lui indique le Nord. Parmi la multitude d'étoiles dans le ciel, c'est la seule qui lui permet de s'orienter vers sa destination. Il continue de marcher et, régulièrement, il observe le ciel pour repérer s'il est toujours dans la bonne direction.*

---

7. Robert Dilts, *Des outils pour l'avenir*, Desclée de Brouwer, 1995.
8. Paolo Coehlo, *L'Alchimiste*, Le Livre de Poche, 2001.
9. Myriam lc Saget, *Le manager intuitif*, Dunod, 1998.
10. François Delivré, *Question de temps*, Interéditions, 2002.

La multitude d'étoiles qui scintillent, ce sont les multiples sollicitations auxquelles nous sommes confrontés au quotidien et qui, si nous les suivons, risquent de nous faire « perdre le Nord ». Chacun d'entre nous a donc intérêt à identifier l'étoile qu'il va suivre.

Pour cela, nous devons disposer d'une boussole du temps qui nous indique avec précision et fiabilité le Nord pour nous permettre de nous orienter et donner du sens à notre vie.

Cette étoile du berger, unique pour chacun d'entre nous, doit englober les différents domaines de notre vie. Elle traduit notre vision du monde, nos valeurs, et constitue une projection de nous-même dans l'avenir.

Pourquoi décrire son étoile ?

Cela répond à trois soifs existentielles chez l'être humain :

– **la soif de structure** : l'étoile remplit une fonction de sécurité, en nous permettant de nous projeter dans un avenir positif. Les contradictions, paradoxes, renoncements du quotidien sont relégués au rang de péripéties quand on lève les yeux et que l'on regarde son étoile ;

– **la soif de sens** : l'étoile relève du registre de la finalité, de l'ambition permanente qui donne une cohérence globale à des activités quotidiennes parfois décousues ;

– **la soif de reconnaissance** : pour exister, il s'agit d'être reconnu à ses propres yeux et aux yeux des autres.

Comment décrire efficacement son étoile ?

Alors qu'Élisabeth Couzon et Françoise Dorn parlent de « tabouret de l'équilibre[11] », nous évoquerons quant à nous les « piliers de notre équilibre ». Ces piliers, ce sont les 6 ou 7 rôles que nous assumons quotidiennement dans les différents domaines de notre vie.

Prenons l'exemple de ce cadre supérieur d'une grande entreprise publique :

Il est adjoint du directeur de la communication, lui-même est manager d'une équipe de 5 collaborateurs. Par ailleurs, il exerce une responsabilité transverse en tant que responsable Qualité pour l'ensemble de l'unité. Il est marié et papa d'un petit garçon…

Arrêtons là cette liste non exhaustive pour constater que nous avons déjà recensé 5 rôles distincts. Ajoutons que, dans le champ

---

11. *Soyez un stressé heureux*, ESF éditeur, collection Cegos, 2004.

professionnel, comme le montre l'exemple ci-dessus, les rôles tendent à se multiplier à cause de la complexité croissante des organisations. Combien d'entre vous sont à la fois managers d'une équipe, experts opérationnels, chefs de projets...

À ces différents rôles correspondent autant de bénéficiaires qui ont des attentes et des besoins.

> *Dans notre exemple, le hiérarchique de ce cadre a des attentes vis-à-vis de lui dans son rôle d'adjoint. Il en va de même pour ses collaborateurs dans son rôle de manager ou encore son fils dans son rôle de père.*

Il est donc important à la fois d'identifier ses principaux rôles, leurs bénéficiaires et leurs attentes.

Se fixer des objectifs pour chacun de ses rôles

« Il n'y a pas de vent favorable pour celui qui ne sait pas où il va. » Guillaume d'Orange.

Le risque, à cette étape de la démarche, est d'en rester au stade des intentions, des bonnes résolutions que l'on prend et reprend régulièrement.

> *Ce couple avait pour projet de prendre un congé sabbatique et de partir faire une croisière en Méditerranée pendant un an. Ils se marièrent et demandèrent en cadeau de mariage un canot de survie, des cartes maritimes... face à un entourage familial et amical sceptique. Ils achetèrent ensuite un bateau et allèrent s'installer dans un port de la région parisienne. L'entourage restait sceptique. Ils demandèrent leur mutation dans une ville maritime, aménagèrent le bateau pendant un an et... partirent en croisière.*

Cette histoire illustre la puissance des objectifs pour passer de l'intention à l'action. Leur objectif était :

- **un résultat précis** : faire un tour de la Méditerranée pendant un an ;
- **échéancé** : ils s'étaient donné 2 ans pour préparer la croisière ;
- **réaliste** : ils avaient renoncé à des destinations hors de leurs moyens ;
- **assorti de moyens** : argent, temps ;
- **assorti de points de suivi** : ils s'étaient fixé des échéances pour mener à bien les étapes intermédiaires.

Nous vous proposons de faire de même en ce qui concerne vos différents rôles professionnels et personnels.

Traduire les objectifs en actions

En vertu de la loi de Pareto qui suggère que 20 % de nos activités produisent 80 % de nos résultats, nous pouvons considérer qu'un nombre limité d'activités nous permet d'obtenir les résultats voulus.

Ce sont les activités à haut rendement, c'est-à-dire les plus contributives pour atteindre les objectifs, qu'il convient de planifier en priorité. Prenons un exemple :

> *Un manager est en train de constituer son équipe et il s'est fixé comme objectif de fédérer son équipe. Il aura eu soin de préciser les délais, ses critères de réussite (à quoi verrai-je que j'ai atteint mon objectif ?)... et d'identifier ses activités à haut rendement : réunir régulièrement l'équipe, créer des moments de convivialité, mettre en place un système de partage des connaissances...*

> *Combien de managers évoquent leur intention de réunir leur équipe et l'importance qu'ils y accordent pour déplorer régulièrement le manque de temps à accorder à cette activité, jugée pourtant prioritaire ?*

✔ Un moment pour faire le point

La réflexion que nous vous proposons ici va vous permettre d'explorer les 3 dimensions ÊTRE – FAIRE – AVOIR.

ÊTRE

A) Qui ai-je envie d'être ?

1. Quelles sont les personnes qui ont représenté des modèles positifs pour vous et ont une influence sur vous ?

2. Quelles sont les qualités que vous admirez chez ces modèles ?

3. Parmi ces qualités, quelles sont celles que vous souhaitez le plus développer en vous ?

B) Comment assumer mes différents rôles ?

Assumer efficacement les différents rôles de sa vie, c'est répondre aux attentes des « bénéficiaires », nous oserions presque dire des « clients » de ces différents rôles. Par exemple, mes enfants sont les bénéficiaires de mon rôle de parent, mes collaborateurs sont les bénéficiaires de mon rôle de manager.

C) Utilisez le tableau ci-après pour mener votre propre réflexion sur vos différents rôles

1. Identifiez les 6 ou 7 rôles importants dans votre vie. Regroupez, si nécessaire, des rôles qui se situent dans la même sphère de votre vie.
2. Inscrivez le nom de chaque rôle et les bénéficiaires correspondants. Vous pouvez les noter en les hiérarchisant de 1 à 7 en fonction de leur importance pour vous.
3. Imaginez-vous maintenant à l'anniversaire de vos 80 ans. Tous les bénéficiaires que vous avez identifiés assistent à la fête. Notez dans la case correspondante ce que vous aimeriez que chacun d'entre eux dise sur vous.

Vos rôles	Leurs bénéficiaires	Ce qu'ils disent de vous...
1)		
2)		
3)		
4)		
5)		
6)		
7)		

D) Listez maintenant les actions significatives que vous avez menées dans le mois écoulé en indiquant le bénéficiaire et le bénéfice

Rôle	Actions	Bénéficiaires	Bénéfices

1. Quels enseignements tirez-vous sur votre équilibre ?
2. Que décidez-vous de faire ?

FAIRE

Poursuivez maintenant votre réflexion sur ce que vous souhaitez réaliser dans les différents domaines de votre vie.

1. Quand vous vous laissez aller à rêver, qu'imaginez-vous de faire, de réaliser ?

2. Si votre temps et vos ressources étaient illimités, que choisiriez-vous de faire ?

3. Dans votre vie professionnelle, quelles sont les activités qui ont le plus de valeur pour vous ?

4. Dans votre vie personnelle, quelles sont les activités qui ont le plus de valeur pour vous ?

5. Quelles sont les activités que vous délaissez et qui sont importantes pour vous ?

AVOIR

1. Notez toutes les idées qui vous viennent à l'esprit à la question : « Quelles sont les choses qui sont importantes pour moi et que je veux avoir ? »

2. Soulignez les 3 choses les plus importantes pour vous.

A) Décrivez votre étoile

1. Relisez l'ensemble de vos réponses concernant la réflexion précédente et repérez les éléments essentiels pour vous.

2. Décrivez votre étoile en une ou plusieurs phrases.

3. Évaluez la description de votre étoile.

- Est-elle motivante pour vous ?
- Vous donne-t-elle envie de donner le meilleur de vous-même ?
- Exprime-t-elle votre vision de la vie et vos valeurs ?
- Prend-elle en compte les différents domaines de votre vie ?

4. Revenez régulièrement sur la description de votre étoile : peaufinez-la, embellissez-la !

- Fixez-vous des objectifs dans chacun de vos rôles.

– Reprenez vos différents rôles et leurs bénéficiaires.

– Fixez-vous, pour chacun d'entre eux, un objectif précis, échéancé, réaliste, assorti de moyens et de points de suivi.

Vos rôles	Leurs bénéficiaires	Ce qu'ils disent de vous...
1)		
2)		
3)		
4)		
5)		
6)		
7)		

B) Identifiez vos activités à forte valeur ajoutée

Dans le tableau ci-dessous :

1. Reprenez chacun de vos objectifs.

2. Listez les activités à forte valeur ajoutée les plus contributives, correspondant à chaque objectif. Notez des activités suffisamment précises et identifiables pour être planifiées.

Vos objectifs	Les activités à haut rendement

3. Planifiez les activités identifiées dans votre agenda.

Mettre en cohérence organisation personnelle et priorités

Aligner son organisation personnelle sur son étoile

Dans les pages précédentes, nous vous avons proposé une démarche qui vous a permis de :

– préciser votre étoile ;

– décliner cette étoile en rôles qui englobent les différents domaines de votre vie ;

– définir des objectifs pour ces principaux rôles ;

– identifier les activités les plus contributives.

Nous nous proposons maintenant de vous donner les points de repères qui vont vous permettre de mettre en cohérence votre organisation personnelle avec vos priorités.

• Stockez la description de votre étoile à un endroit que vous consultez fréquemment

L'objectif est ici de vous permettre de garder en point de mire votre étoile (garder le Nord) dans le tumulte des activités quotidiennes. À vous de choisir l'endroit approprié. Cela pourra être, par exemple, dans un dossier de votre ordinateur, l'écran de veille de votre écran, une tâche permanente dans votre logiciel de messagerie, la première page de votre cahier de prise de notes.

• Organisez-vous en fonction de vos différents rôles

La liste de vos objectifs par rôles devra également être facilement accessible et consultable et vous pourrez vous inspirer de nos conseils précédents concernant votre étoile.

Par ailleurs, nous vous encourageons à organiser vos différents supports en fonction de vos différents rôles :

– **le bureau et les dossiers de votre ordinateur** (les icônes des dossiers par rôles constitueront le premier niveau de l'arborescence de vos dossiers) ;

– **votre messagerie électronique**. Utilisez les possibilités offertes par les outils actuels ;

– **dans l'agenda**. Choisissez un code couleur pour chacun de vos rôles. Vous pourrez ainsi visualiser sur la journée, la semaine ou le mois la place que vous accordez à chacun de vos rôles. Ce système visuel permet de repérer les rôles surinvestis ou délaissés et d'apporter des actions correctives ;

– dans la **boîte de réception**. Créez un premier niveau d'arborescence par rôle ;

– dans les « **Tâches** ». Créez des catégories correspondant à vos différents rôles et affectez une catégorie à chacune des tâches. Vous pourrez également noter l'action prioritaire à effectuer dans vos différents rôles pendant la semaine ;

– dans votre **PDA** ou votre **agenda papier**. Dans le premier, reprenez les conseils évoqués au sujet de l'ordinateur et de la messagerie. En ce qui concerne l'agenda papier, utilisez les possibilités offertes par les organisers : les onglets du classeur seront également organisés par rôle.

Sans oublier le classement de vos dossiers papier dont le premier niveau d'arborescence pourra également correspondre à vos différents rôles professionnels.

Si, à la lecture de ces recommandations, vous vous dites « Tout cela va me prendre du temps », repensez à un principe incontournable du temps : « Investir du temps maintenant pour en gagner de manière différée. »

À vous de jouer maintenant !

Adaptez votre organisation aux caractéristiques de vos différents rôles

Les témoignages recueillis auprès de collaborateurs en entreprise mettent en évidence deux difficultés majeures en termes d'organisation :

– assumer simultanément plusieurs rôles ;

– mettre en œuvre les conseils généralement prodigués en matière d'organisation « idéale ».

Voyons comment faire face à ces 2 difficultés.

Une hiérarchisation des rôles est absolument nécessaire. La difficulté dans la maîtrise du temps se trouve amplifiée dans le contexte actuel où chacun d'entre nous est amené à assumer simultanément plusieurs rôles professionnels.

Prenons l'exemple d'un expert technique ou d'un commercial à qui l'on confie la responsabilité d'une équipe en lui demandant de garder une part d'activité opérationnelle. En l'absence de critères de réussite (et donc d'évaluation) suffisamment précis, comment ce collaborateur va-t-il répartir son temps entre ses deux rôles ?

Fort probablement, ses choix seront liés à l'un des critères suivants :

- le sentiment de compétence dans un rôle ;
- la reconnaissance obtenue dans chacun des rôles ;
- le plaisir, la satisfaction à mener les activités.

La hiérarchisation des rôles qui en découlera correspondra ou… ne correspondra pas aux attentes de son manager.

Pour paraphraser une de nos maximes précédentes : « Si tous les rôles sont prioritaires, aucun rôle n'est prioritaire. »

Cette nécessité d'une hiérarchisation des rôles prend encore plus de sens quand les attentes sont contradictoires comme le montre l'exemple ci-dessous :

Ce technicien en milieu industriel a été nommé récemment responsable d'une équipe. Son manager lui a demandé de « prendre du recul » pour assumer son nouveau rôle. Lorsqu'il tente de satisfaire cette attente en menant une réflexion dans son bureau, son manager lui dit régulièrement : « Allez donc voir le problème sur la machine X », et quand l'encadrant est avec son équipe sur le terrain, son manager lui dit : « Votre rôle n'est plus de faire mais d'animer, de coordonner, d'organiser. Prenez du recul… »

Il est donc essentiel de se faire clarifier ses différents rôles en termes :

- de missions ;
- d'objectifs ;
- de critères de réussite.

Prendre en compte les caractéristiques de ses différents rôles au regard du temps

Prôner la thèse d'une organisation idéale, d'un « agenda panacée » reviendrait à dire que quels que soient le contexte et les fonctions occupées, il existe un seul bon mode d'organisation.

En plus des éléments évoqués précédemment pour aligner son organisation avec son étoile, il convient de prendre en compte les caractéristiques temporelles qui différencient les rôles et impactent notre organisation personnelle.

• La répartition entre le temps obligé et le temps à soi

Le temps obligé est le temps structuré par l'organisation et les obligations professionnelles dont nous n'avons pas la maîtrise : organisation de la production, réunions périodiques…

Le temps à soi, c'est le temps dont nous avons la maîtrise, que nous pouvons planifier et qui n'est pas structuré par l'organisation.

Interrogés sur la répartition de leur temps hebdomadaire, ces responsables de secteurs d'un hypermarché évoquent leur semaine-type : « Le lundi matin, nous réunissons les chefs de rayon et, l'après-midi, nous menons des entretiens individuels avec chacun d'entre eux. Le jeudi matin, nous avons une demi-journée de réunion de direction. »

Dans cet exemple, sur 5 jours de travail, un jour et demi au moins est consacré à du temps obligé.

> *Le pourcentage de temps obligé détermine le pourcentage de temps potentiellement planifiable.*

• Le pourcentage d'imprévus

Nous abordons ici une des sources d'échec en matière de planification. Certains adeptes cherchent à planifier l'intégralité de leur journée pour constater après coup qu'ils n'arrivent pas à réaliser les activités prévues (mais était-ce réaliste ?).

Écoutons ce responsable de maintenance parler de son temps de travail : « Mon métier, c'est de gérer l'impondérable et l'imprévu. Cela représente 50 % de mon temps. »

> *Le pourcentage de temps planifiable est fonction du pourcentage d'imprévus et de temps obligé, évoqué précédemment.*

• La durée moyenne des activités

Les rôles professionnels se différencient également par la durée moyenne des activités comme l'explique ce cadre :

Pendant plusieurs années, j'ai exercé uniquement un rôle de formateur. Planifier était simple : je bloquais des journées entières correspondant à mes animations. Aujourd'hui, je conserve pour partie cette activité mais, en plus, je manage une équipe de formateurs et je vis le temps différemment : plus de sollicitations, plus d'imprévus, plus de micro-activités à mener dans une même journée.

Assumer efficacement des rôles différents suppose donc de planifier de manière différenciée :

> *Plus le nombre d'activités à mener sur une période de temps est important, plus il convient de planifier de manière détaillée. Inversement, un nombre restreint d'activités supportera une planification plus globale.*

• Les principaux horizons temporels de travail

Ils définissent le terme, les délais des activités que nous menons.

Que vous utilisiez un agenda papier ou un agenda électronique, prêtez attention à votre manière de faire. Vous constaterez que vous consultez de façon préférentielle les pages journalières, hebdomadaires, mensuelles ou annuelles.

Cette observation empirique met en évidence qu'à un rôle correspondent généralement 2 horizons de travail préférentiels, par exemple, la journée et la semaine, la journée et le mois, ou encore la semaine et le mois.

Assumer efficacement plusieurs rôles professionnels va donc supposer de prendre en compte des horizons temporels de travail qui peuvent être différents. Pour l'illustrer, reprenons l'exemple précédent du manager de formateurs.

Dans son rôle de formateur, il a besoin de visualiser principalement ses semaines et sa charge de travail annuelle. Dans son rôle de manager, il portera plus particulièrement attention au mois, au trimestre et à l'année.

• Les déplacements

Nous faisons ici référence à la fréquence et la durée des déplacements dans ses différents rôles professionnels et leurs conséquences sur l'utilisation du temps.

Ce directeur d'une petite agence d'intérim assume à la fois les fonctions de commercial et de management de son équipe. Dans son premier rôle, il est fréquemment à l'extérieur de l'agence et doit, en même temps, se ménager des plages de disponibilité pour assurer un management de proximité efficace.

• Les cycles d'activité

Ces cycles d'activité rythment la vie en entreprise et déterminent les plages de temps propices aux différents types d'activités. Nous distinguerons, à ce titre :

– les activités de relation qui nécessitent que nous soyons en contact avec un ou plusieurs interlocuteurs dans des entretiens, des réunions ou des contacts plus informels;

– les activités de réflexion qui supposent de pouvoir s'isoler, d'être au calme et d'éviter les interruptions;

– les activités d'action au cours desquelles nous réalisons une activité concrète.

Ces cycles peuvent être liés à l'activité de l'entreprise ou aux fonctions exercées et concernent la journée, la semaine, le mois ou l'année. Comment, en effet, se ménager des plages de réflexion prolongées quand la priorité est à la sortie de la paie, le bouclage du journal ou la consolidation des comptes annuels ?

Ajoutons que la notion de cycle renvoie à une notion de répétitivité et donc de prévisibilité.

Certains managers « redécouvrent », par exemple, qu'ils vont avoir à mener les entretiens d'appréciation de leurs collaborateurs sur la même période que l'année précédente.

> *Identifier ses cycles d'activités permet donc à la fois de choisir le type d'activité en fonction de périodes plus propices et d'anticiper (et donc planifier) les activités récurrentes.*

• Les plages horaires

Les besoins des clients internes/externes peuvent avoir une influence sur les plages horaires de travail.

Ce conseiller en patrimoine s'adresse à une clientèle de particuliers avec lesquels il prend des rendez-vous le soir, lorsqu'ils sont de retour à leur domicile.

Ce cadre qui gère des projets internationaux doit tenir compte des décalages horaires pour rester en contact avec ses interlocuteurs.

✔ Test du chapitre 3

En vous appuyant sur la lecture de la rubrique « Un moment pour faire le point » de ce chapitre, indiquez dans le tableau ci-dessous les caractéristiques de vos 3 principaux rôles professionnels.

Caractéristiques	Rôle 1	Rôle 2	Rôle 3
% de temps à soi			
% d'imprévus			
Durée moyenne des activités			
Deux principaux horizons temporels de travail	**A.** **B.**	**A.** **B.**	**A.** **B.**
Déplacements			
Cycles d'activité			
Plages horaires			

En synthèse, que retenez-vous de cette analyse ?

Pas de corrigé type.

4
CHANGER SA PERCEPTION DU TEMPS POUR FAIRE DU TEMPS SON ALLIÉ

À la lumière des chapitres précédents, force est de constater que l'instantanéité de l'information est un véritable piège qu'il faut déjouer.

Face à la « culture et au culte de l'urgence », il s'agit de transformer le cercle vicieux de l'automatisme en un cercle vertueux de la stratégie. Pour ce faire, il est nécessaire de passer de la perception de la menace du temps à une nouvelle perception du temps et ses composantes, en adoptant une démarche de résolution de problème en situation de crise.

> *Le but est d'apprivoiser le temps et, par conséquent, de repérer notre rapport au temps pour identifier comment nous nous piégeons et comment sortir de ces pièges pour entretenir cet équilibre fragile entre habitudes-pièges et habitudes-liberté.*

Ce chapitre vous suggère une autre perception du temps qui libère de la pression de l'urgence.

Développer la conscience de soi

Les représentations et croyances prennent leurs sources auprès des conceptions culturelles et des mythes. Cet enchaînement d'éléments détermine les comportements. Émotions et comportements sont intimement liés. Nous créons notre vie à partir de ces deux éléments fondamentaux.

Les perceptions du temps se fondent sur cette même logique. Il est alors essentiel et vital de se comprendre car changer les perceptions modifie l'expérience. Le temps « ennemi » peut se muer en temps « ami ». Ce n'est en effet pas au temps d'apprivoiser les personnes, mais aux personnes d'apprivoiser le temps.

Développer la conscience de soi pour changer sa perception du temps et le vivre autrement prend alors tout son sens.

Nous vous proposons donc de commencer par comprendre notre mode de fonctionnement au travers du cycle s'adapter – résoudre – se défendre, puis l'approche biopsychologique de l'être. Ainsi, vous saurez comment satisfaire vos besoins autrement qu'en les défendant et comment faire du temps un allié.

Le cycle vital : s'adapter – résoudre – se défendre pour vivre

« J'arrive lundi matin après 3 jours d'absence. 100 mails à lire, un client mécontent, un absent dans les effectifs, un rapport d'activité à remettre le soir même, des imprévus et interruptions qui s'enchaînent. Mes idées s'embrouillent dans ma tête, mon cœur palpite, je dois être capable de résoudre tout cela tout de suite et satisfaire tout le monde. J'ai peur de ne pas y arriver, je panique et je commence deux choses à la fois pour aller plus vite. Mon comportement ne fait qu'empirer la situation, ce qui confirme que je suis incapable de faire face et mes idées sont de moins en moins claires, c'est le tourbillon : je me noie. »

Ceci est un type de témoignage récurrent au sein de nos séminaires pour managers. Cet exemple illustre comment nous créons l'expérience à partir de nos émotions qui déterminent nos actes, et nos comportements. La vision du temps de ce manager est celle d'un ennemi contre lequel il faut combattre. Cette représentation mentale négative du temps provoque l'angoisse de ne pas arriver à faire face à cette menace.

La réponse comportementale passe par une alerte physiologique : ses idées se brouillent et son cœur palpite. Il se sent oppressé et il voudrait pouvoir tout faire en même temps. Ce qui est, de façon réaliste, impossible. Sans prise de recul, il est dans l'incapacité de décider quelle est la meilleure option. Le stress négatif l'a envahi. C'est l'asphyxie. L'ennemi, c'est le temps. Il renforce sa croyance.

Lorsqu'une personne vit intensément un problème d'ordre physique ou psychique dépassant son seuil d'acceptabilité et de confort, elle adopte des conduites stressantes pour elle et son entourage professionnel. Combien de managers sous pression répercutent leur stress en cascade tout le long de la ligne hiérarchique ?

Le cycle vertueux de l'adaptation : « s'adapter – résoudre – se défendre pour vivre » se transforme alors en cercle vicieux « pour survivre ou périr ». Pour éviter le piège, il s'agit de revenir à la logique de la vie.

Ce cycle universel consiste en une recherche constante d'équilibre, grâce à de perpétuels réajustements face aux changements de toute intensité et de toute nature. Cette capacité d'adaptation aux changements, qu'ils viennent de soi, de l'environnement et des autres, s'apprend comme toute autre compétence.

Cette logique apprend à ne plus être dupe de soi-même, de ne plus subir ses émotions face à l'autre ou l'événement, d'identifier ses habitudes-pièges qui sont autant de « je n'ai pas pu », « je ne peux pas faire autrement », « c'est plus fort que moi », comme faisant partie de notre nature profonde d'être vivant.

Devenir conscient pour ne plus se conduire précisément comme un inconscient et ainsi devenir, chacun à son rythme, petit à petit, acteur de sa vie : voilà l'objectif. Aller avec et non pas contre sa véritable nature profonde.

Parce qu'il y a un lien entre les émotions et les comportements associés à la vision du monde, il est temps de s'y arrêter pour comprendre comment nous fonctionnons. Nous sommes en mouvement car vivants : en tant que tels, nous sommes déterminés par une logique ou cohérence de vie : une bio-logique.

L'approche biologique

La prise de conscience de cette « biologique » ancrée dans notre système nerveux a pour objectif de nous faire naître à nous-même, nous ouvrir à la vie, nous réconcilier avec nous-même et avec les autres. En libérant notre énergie de pensées, de paroles et d'actions nous arriverons à grandir, à nous développer.

Cela suppose que l'on choisisse de répondre aux besoins auxquels la vie nous appelle qui sont, précisément, nos besoins de survie. Spontanément, en situation de manque, le réflexe est de se tourner vers l'extérieur, alors que la « nourriture » nécessaire à nos besoins est à l'intérieur ! Il est surtout essentiel de savoir repérer et décoder ces besoins.

Se comprendre, c'est littéralement « se prendre dans son entier », corps et esprit, et surtout prendre en considération des mécanismes à l'origine de notre expression : pensées, paroles et actions. Ainsi, la biologie de l'organisme est incontournable : elle motive les idées et les réactions les plus géniales comme les plus obscures.

Les comportements sont motivés par cette logique de vie qui parle des besoins existentiels. Des sensations de manque et des réactions de défense se déclenchent lorsque ces besoins ne sont pas écoutés. C'est là que se rencontrent la biologie – le processus de la vie – et la psychologie où la réalité organique et le vécu mental et affectif interagissent.

L'approche biopsychologique de l'être

Quelle est cette approche biopsychologique de l'être ? Nous ferons là brièvement référence aux travaux du médecin et psychothérapeute Catherine Aimelet-Perissol[1] qui a fondé sa réflexion sur ceux d'Henri Laborit[2] et qui est à l'origine de cette approche. Elle poursuit des recherches sur la signification des comportements émotionnels et leur implication dans la relation à soi et aux autres. En voici l'essentiel.

Elle commence par une constatation. Une logique largement partagée par tous et très souvent adoptée par le sens commun est que chacun attribue à la situation dans laquelle il se trouve la cause de son mal-être : bien des conflits et des dépendances naissent de cette vision du monde. Ceci est aussi valable en ce qui concerne le « temps ».

À la question « Quelle est votre part d'influence sur la gestion de votre temps ? », 80 à 90 % des participants à nos séminaires répondent : « Les autres et l'environnement. », Déjà, en son temps, Epictète devant ces plaintes disait : « Ce ne sont pas les événements qui nous font souffrir, mais l'idée que nous en avons. »

En d'autres termes, le bonheur ne dépend pas des événements de la vie, mais de la manière dont ils sont perçus et interprétés, manière déterminée par notre engagement face à la vie.

La biopsychologie nous confirme que le mal-être trouve son origine dans l'interprétation personnelle que nous donnons à une situation. La situation est là pour révéler ce mal-être, mais n'en est pas la cause directe.

C'est pourquoi, face à une même situation, les réactions sont tellement différentes. Ce mal-être est une émotion : un langage à décrypter, celui de notre cerveau ancien, dit reptilien. Son rôle est

1. *Comment apprivoiser son crocodile*, Robert Laffont, 2002.

2. Père de l'analyse biologique et comportementale du stress.

fondamental, puisqu'il régule la satisfaction de nos besoins essentiels tels que dormir, boire, manger, se reproduire, ainsi que nos besoins fondamentaux de sécurité, d'identité et de réalité d'être. Il protège et défend ces besoins : il a la fonction de protéger et de défendre l'intégrité face à toutes les éventuelles menaces, qu'elles soient extérieures ou intérieures. C'est le cas lorsque les besoins fondamentaux ne sont pas satisfaits.

Les réponses apportées à la situation interprétée comme une menace pour son intégrité sont universelles et communes à toutes les espèces vivantes : la fuite, la lutte, le repli sur soi.

De la même façon qu'il est impossible de ne pas manger, boire, dormir sans risquer à terme de perdre la vie physique, il est également impossible d'assurer l'intégrité de l'être humain sans nourrir les besoins de sécurité, d'identité et de réalité d'être, sans risquer de se perdre et de perdre la vie psychique.

Si les besoins ne sont pas « alimentés », l'état de motivation par la réussite laisse la place à un état de motivation teinté de peur, de tension ou de fatigue. Quand il y a manque, le cerveau reptilien se réveille. Il apporte une nourriture palliative à la « non-alimentation » de nos besoins. Des émotions accompagnent alors les pensées, les paroles et les actes. Les émotions sont le langage du cerveau reptilien.

Reprenons l'exemple du manager « stressé » par le temps. Son besoin de sécurité n'est pas satisfait. En sensation de manque de temps, sa réaction de défense est celle de l'angoisse et de la peur de ne pas s'en sortir. Il s'active tous azimuts pour trouver des solutions. Tant qu'il ne se sera pas posé pour identifier ce qui pourra le rassurer, il sera sous stress négatif et son besoin ne sera pas nourri. C'est un automatisme. La pensée automatique est un piège. Sachons prendre du recul.

Les réactions de défense et stress

Quand la liberté d'agir est perçue comme entravée, le cerveau entre en réaction pour que l'intégrité soit défendue et préservée. D'où l'intervention des réactions de défense ou émotions. Nous avons la sensation de les subir car nous ne pouvons faire autrement que de les vivre. Heureusement et paradoxalement, car si nous ne les écoutions pas, il en irait de notre survie.

Ces émotions sont avant tout des signaux d'alarme qui alertent sur le non-respect, la non-alimentation des besoins. Leur message est lancé par un besoin non satisfait, frustré : l'équilibre de l'être est menacé.

L'état de stress est présent. Les émotions obligent alors à satisfaire dans l'urgence et à court terme ces besoins en mode réactif. Ces réactions ne sont cependant que des réponses palliatives au manque et ne comblent pas toujours le besoin sous-jacent exprimé.

Satisfaire ses besoins en les défendant, exige un coût exorbitant en énergie, relations manquées, insatisfaction et frustrations. Les efforts fournis peuvent satisfaire le besoin au prix d'un stress positif car le mécanisme a été efficace mais parfois, malgré tous les efforts et la pression émotionnelle, le besoin demeure insatisfait, et le mécanisme est alors inefficace. Ainsi, un terrible cercle vicieux prend place :

– **la fuite,** tendance à éviter la menace en multipliant les solutions et en s'agitant pour diminuer l'insécurité. Si son effet ne suffit pas, l'insécurité se transforme en angoisse ;

– **la lutte,** tendance à maîtriser la menace en libérant sa colère qui permet de se réaffirmer en tant qu'individu. Si son effet ne suffit pas, la non-reconnaissance de soi se transforme en violence ;

– **le repli sur soi**, tendance à se refermer sur soi-même dans le but de passer inaperçu avec parfois un état de soulagement *via* des pleurs pour restaurer un sentiment de réalité. Si ce soulagement ne suffit pas, le repli sur soi se transforme en dépression. Nous nous sommes perdus.

Nous passons de toute façon par la souffrance psychique jusqu'à ce que nous écoutions et décodions le message de nos émotions, car il n'est pas possible qu'il abandonne.

Selon sa personnalité, notre manager a plus tendance à adopter une réaction de défense ou de fuite. Il aurait pu tout aussi bien être en position de lutte et investir encore plus de temps et de ténacité, s'acharner pour y arriver, dans un état de grande tension. Il aurait également pu tout laisser tomber et attendre que la tempête passe en position de repli, épuisé par tant d'agitation…

Nos réactions face à la menace sont aussi fonction de notre type de personnalité qui « choisira » une tendance plutôt qu'une autre. Nous y reviendrons plus loin.

Satisfaire ses besoins autrement qu'en les défendant

Comment satisfaire ses besoins autrement qu'en étant « sur la défensive », constamment sous stress positif ou négatif, et dans l'impossibilité de développer créativité, motivation par la réussite et idées géniales ? Sans parler des relations conflictuelles ou tendues, de l'inquiétude et de la fatigue qui ne favorisent pas la réflexion stratégique et la prise de décisions.

Maintenant que l'on sait comment nous fonctionnons, comment faire pour vivre mieux chaque instant et nous libérer, petit à petit, de nos stress ? Comment fonctionner en tant qu'être humain, c'est-à-dire comment remplir notre rôle, produire ce que l'on veut, en un mot, être soi ?

> *Rester fidèle à soi-même, se respecter en tant qu'être humain, c'est prendre conscience que ces réactions de défense nous protègent. Il s'agit d'accueillir et d'accepter le message caché du cerveau reptilien, le comprendre, reconnaître nos besoins et les satisfaire autrement que dans l'urgence émotionnelle de court terme : voilà la réponse à la question.*

Shakespeare n'a-t-il pas dit : « Être ou ne pas être, telle est la question » ? Mais aussi : « Sois fidèle à toi-même, et il s'ensuivra, comme la nuit suit le jour, que tu ne pourras tromper personne. »

Lorsque l'émotion nous envahit, il s'agit de comprendre ce qu'elle dit de nous, d'identifier le besoin et d'y répondre autrement. Il faut développer sa propre sécurité sans attendre que le changement vienne de l'extérieur afin de ne pas tomber malade. Il faut respecter chez soi et chez les autres les besoins de sécurité, d'identité et de réalité d'être. Sans cela, il nous manquera l'élan vital, l'énergie et la volonté de faire, réaliser, créer, être intéressé, motivé.

Prenons conscience que les réactions de défense ne vont pas contre nous ou les autres ; elles sont justes notre mode de fonctionnement biologique. Elles nous signalent que nous ne respectons pas nos besoins, ce qui menace notre intégrité. Accepter notre responsabilité vis-à-vis de nous-même et trouver d'autres réponses face à une situation vécue comme menaçante.

Par exemple, face à l'autorité d'un manager exigeant tout, tout de suite, la peur du jugement vous submerge. Comment faire autrement avec cette peur ? Que faire pour satisfaire, nourrir votre besoin de sécurité sous-jacent ? Que peut faire notre manager face à cette situation ? Il doit se poser la question : quel est mon besoin ? L'identifier comme étant un besoin de sécurité. Se poser ensuite la question pour trouver des solutions qui vont dans ce sens : que puis-je faire qui me soulagera, me redonnera de l'oxygène ? Demander de l'aide, me fixer des objectifs réalistes, inventer d'autres manières de faire...

Faire du temps un allié

Comprendre son mode de fonctionnement au travers de l'écoute de ses besoins pour mieux y répondre, prendre conscience que des réponses autres que la fuite, la lutte ou le repli sont possibles, toutes ces attitudes ouvrent des pistes pour agir autrement.

Mais finalement, quel est le lien avec le temps ? Lorsque le temps est vécu et interprété uniquement sous l'angle de l'urgence vue comme une menace, l'organisme va se mettre automatiquement en état de défense et enregistrer une sensation de danger, de « subir le temps ».

La relation au système espace-temps est alors une relation de menace qui génère un état émotionnel de défense adopté en situation d'urgence. Nous sommes alors sous l'emprise du stress et ce qui nous motive est la peur : ne pas y arriver, ne pas être compétent, être envahi... Il s'agit alors de gérer le danger et d'identifier les besoins et bénéfices cachés pour déjouer le piège.

Lorsque le temps est apprivoisé, c'est-à-dire vécu, vu et interprété comme un allié, l'effort volontaire et conscient consiste alors à identifier les besoins, y répondre en priorité pour nous retrouver dans un état ressource qui nous permet de « choisir le temps ». Nous sommes donc dans un état, constructif et créatif, de non-stress. Ce qui nous motive, c'est la réussite et le plaisir. Ce n'est donc pas dans l'urgence vécue comme telle que nous serons notre meilleur allié.

Nos comportements s'inscrivent dans cette logique de vie ; à nous de retrouver notre juste motivation à agir. Nous devons la retrouver sans cesse car ce processus est un processus dynamique où tout change continuellement. Nous sommes en perpétuel ajustement et adaptation face à l'univers extérieur.

> *Envisager le temps comme un allié évite l'écueil du stress qui nous coupe de notre capacité à être créatif et motivé, et à prendre du plaisir dans nos actions.*

✔ Un moment pour faire le point avec soi

Prenez maintenant un moment pour vous poser les questions visant à changer votre représentation du temps c'est-à-dire pour passer du réactif (défense émotionnelle) à l'actif (nourriture du besoin).

1. De quoi ai-je besoin dans cet événement-là ?
- a. de temps, d'espace…
- b. de respect, de reconnaissance…
- c. de sens, d'harmonie…

2. Où suis-je ?
- a. sur le territoire de l'autre.
- b. je laisse l'autre envahir mon territoire…

3. À quoi, à qui cet événement me fait-il penser (événements similaires déjà vécus) ?

4. Quelle est ma réaction émotionnelle (fuite, lutte, repli) ?

5. Quelles sont mes réponses ?
- a. ce que l'événement me fait à moi.
- b. ce que je peux faire pour…

6. Quelle décision d'action je prends pour nourrir mon besoin pour être plus juste avec soi et donc avec l'autre ?
- a. qu'est-ce que je peux ? (sécurise)
- b. qu'est-ce que je suis ? (identifie)
- c. qu'est-ce que je veux ? (réalise)

7. Qu'est-ce qui serait significatif pour moi dans cet événement ?

Votre réponse est juste lorsqu'elle vous procure du soulagement, de la détente, de l'énergie et de l'envie.

> *Prendre conscience de ses besoins et de ses manques nécessite écoute et observation de soi afin de mettre en évidence la situation et trouver différentes pistes pour agir autrement que dans l'urgence émotionnelle.*

Déjouer les pièges liés au temps

La méconnaissance des pièges internes et externes est le plus gros piège. Le cercle vicieux s'installe, nous réagissons alors en automate. Nous sommes en réaction, non pas en création. Piégés, nourrissant mal nos besoins, intoxication et « dégénérescence » sont alors notre lot quotidien.

Nous vous proposons maintenant d'identifier ces fameux pièges pour les transformer en atouts :

- faire connaissance avec les pièges liés au temps : les lois du temps, les messages contraignants, la qualité de notre relation;
- identifier les bénéfices cachés à ne pas changer;
- changer les habitudes-pièges en habitudes-liberté;
- les conditions du changement : pas d'astuces mais un processus, la notion d'effort et la force de l'habitude, les étapes de l'apprentissage.

Identifier les pièges

Tomber dans les pièges, déjouer les pièges! Mais quels sont-ils?

Ce sont les lois du temps, les messages contraignants et la qualité de notre relation aux autres.

Les lois du temps

Les lois de la nature qui gèrent le temps et la vie deviennent des pièges externes si elles ne sont pas respectées. Les lois qui gouvernent le temps sont méconnues de la plupart d'entre nous. Cependant, des recherches, observations et études scientifiques les ont identifiées. Sachant que ces lois sont universelles pour l'homme, les mots clés sont donc : connaissance et respect des lois.

Ces pièges sont d'autant plus puissants et contraignants qu'ils sont pour la plupart inconscients ou inconnus.

Les messages contraignants

Nous avons vu que les lois biologiques – logiques de la vie de l'être humain – deviennent des pièges internes quand elles ne sont pas respectées.

Dans cette même logique, nous vous proposons d'aller plus loin avec les messages contraignants qui nous mènent par le bout du nez sans que l'on s'en rende compte.

L'analyse transactionnelle, dont les fondements ont été élaborés par Éric Berne, repris par Taïbi Khaler avec la Process Communication, a étudié les relations entre les personnes et conçu quelques outils. Nous en choisissons deux : les messages contraignants et les positions de vie pour éclairer notre relation personnelle au temps[3].

> *Les messages contraignants sont des prescriptions intériorisées, reçues dans l'enfance et qui aident, en leur temps, à se structurer. Certains de ces messages prennent une importance primordiale : étancher notre soif existentielle de reconnaissance, en priorité, de sécurité et de réalité d'être. Ces messages sont donc utilisés pour obtenir essentiellement de la reconnaissance.*

Seulement, adulte, il n'est plus nécessaire d'avoir recours à ces messages pour recevoir de la reconnaissance, bien d'autres sources existent. Mais compulsivement, ils sont utilisés par habitude car nous n'avons pas appris à en obtenir autrement, d'autant plus que nous n'en avons pas conscience.

Recours compulsif et... sous l'emprise du stress, car c'est à ce moment-là qu'ils se déclenchent. En effet, en période de stress sévère, ces comportements nous permettent de nous protéger soit par l'agressivité (lutte), soit par la manipulation (fuite), soit par le repli (passivité). Ces comportements sont regroupés sous les termes d'attaquant, de blâmeur et de victime par la Process Communication.

Nous retrouvons là les réactions de défense et le stress dont elles sont le symptôme. Si ces réactions se manifestent, cela signifie que les besoins n'ont pas été satisfaits. Satisfaire ses besoins soulage du stress et permet de retrouver sa marge de manœuvre sans être sous l'influence de ces messages. Mais quels sont-ils ?

Les 4 messages les plus courants sont :

- « Sois parfait » ;
- « Sois fort » ;
- « Fais des efforts » ;
- « Fais plaisir ».

3. Gérard Collignon, *Comment leur dire*, Interéditions, 1994.

Pour sortir de l'influence d'un message négatif ou d'une habitude piège, il faut le remplacer par un message positif ou par une habitude-liberté et se donner les permissions suivantes :

– « Sois réaliste » ;

– « Sois ouvert » ;

– « Réussis ce que tu entreprends » ;

– « Pense aussi à toi ».

Nous vous proposons en fin de chapitre d'effectuer un test pour repérer vos messages contraignants.

La qualité de notre relation

Un autre outil de l'analyse transactionnelle, les « positions de vie », permet d'y voir plus clair dans notre positionnement vis-à-vis de soi-même et des autres.

Chacun a une représentation de ce qu'il est par rapport aux autres et de ce que les autres sont par rapport à lui. Cette représentation a des conséquences sur les façons d'agir les uns avec les autres. Le comportement d'une personne envers une autre est influencé par les jugements, opinions et représentations que cette personne a de l'autre personne. Ces comportements développent une énergie positive ou négative.

Par exemple, si je crois qu'une personne est dangereuse, je vais me méfier, avoir peur et adopter un comportement de fuite ou d'attaque, déterminé par ma croyance initiale : cette personne est dangereuse.

Il en va d'ailleurs de même avec les situations et les événements interprétés comme menaçants.

Tout dépend de la façon dont est porté le jugement, dont est avancée l'opinion, dont on se fait la représentation de soi et de l'autre. La bonne intention ne suffit pas : réalisme, lucidité, souci de voir le côté positif de soi et de l'autre sont les clés du développement de l'énergie positive.

Il existe quatre façons de prendre position (jugement, opinion, représentation appelées « positions de vie »), trois négatives et une positive :

– un type de représentation lucide, réaliste et positive qui détermine des comportements heureux et efficaces ;

– trois types de représentations fausses, irréalistes et négatives qui déterminent des comportements malheureux et inefficaces.

Les comportements renforcent à leur tour les opinions et les représentations en positif ou négatif.

Remplacer les perceptions irréalistes, sources de difficultés, par des perceptions réalistes, sources de relations humaines constructives, tel est l'intérêt de l'outil « position de vie ». Quand un comportement est négatif, il s'agit de réviser le degré de lucidité et de réalisme de la représentation pour enclencher un comportement plus positif et de recadrer sa façon de voir.

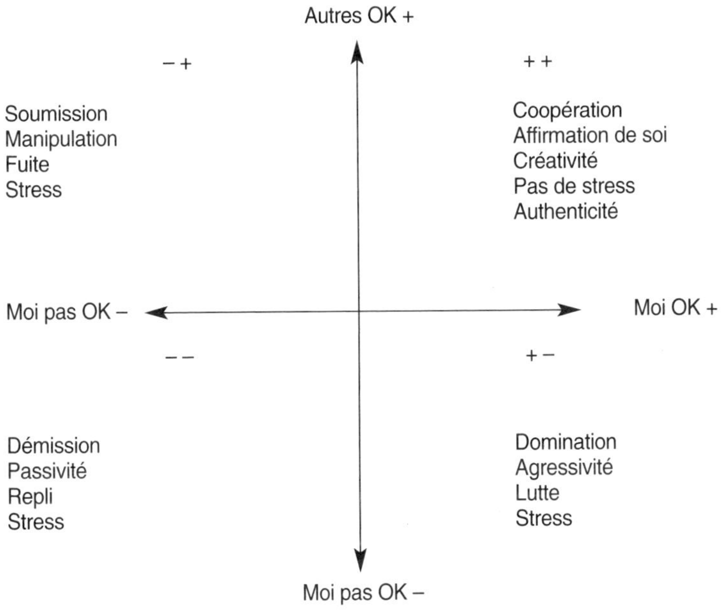

La qualité de notre relation aux autres est déterminante car nous existons au travers d'elle.

La présence dans ce que nous faisons au moment où nous le faisons apporte une grande satisfaction car nos besoins légitimes et intimes sont satisfaits.

> *Le respect de soi permet de se tourner vers l'extérieur et les autres dans une autre disposition que celle du manque et avec une représentation positive de soi. Notre relation aux autres s'en trouve totalement modifiée. Occuper sa place, son espace et son temps incite tout naturellement au respect de l'autre et permet à la relation de trouver sa juste place : les relations aux autres et aux événements sont alors constructives et créatives au lieu d'être destructrices et réactives.*

Nos besoins respectés et satisfaits nous conduisent naturellement à un état d'affirmation de soi, de négociation créative dans notre relation à soi et aux autres où le stress négatif est absent.

Nos besoins non satisfaits nous conduisent naturellement à un état de défense, de lutte, de repli ou de fuite où le stress négatif est présent. Nous rentrons alors dans les schémas de relation de domination, soumission ou démission qui sont tous des comportements refuges (agressifs, manipulateurs ou passifs) et qui servent à se préserver soi-même, se protéger, au lieu de se retourner contre l'autre ou les événements.

Nous l'avons développé dans les pages précédentes, ces réactions sont des automatismes de survie qui permettent de rester intègre physiquement et psychiquement. « L'être humain est mû par son aspiration à être et demeurer intègre : la finalité d'un être, c'est d'être », dit Henri Laborit[4].

> *La qualité de notre relation à « l'autre » est une composante forte qui entre dans l'estimation du degré de satisfaction que l'on éprouve dans sa perception et son vécu du temps. La question à se poser est : qui et comment je veux être dans la relation? Car chacun a non seulement soif de structure et de sens mais également soif d'estime de soi (relation gagnant-gagnant) et bien sûr de reconnaissance.*

Avoir la curiosité de comprendre notre fonctionnement nous permet d'amorcer notre évolution : repérer les grands pièges, être attentif aux signaux d'alarme et agir en conséquence, tout cela donne des pistes pour agir en respectant son juste rythme. Évoluer se fait alors avec le temps, c'est un état de fait qu'il s'agit d'accepter, car il y a une réticence naturelle à avancer.

Identifier les bénéfices cachés à ne pas changer

Nous refusons naturellement le changement. Il s'agit d'une force d'inertie, qui nous pousse à rester dans une situation considérée comme confortable avec les données connues du moment, et sous-tendue par la peur de l'inconnu et de l'effort que peut représenter le passage à une autre situation.

C'est le principe de l'homéostasie qui veille à préserver un certain équilibre à un moment donné. Cet équilibre peut être un leurre, à

4. Henri Laborit, *Biologie et structure*, Gallimard, 1968.

partir du moment où il ne répond pas véritablement à nos besoins profonds. Il apporte des bénéfices dits secondaires qui intoxiquent plus qu'ils ne répondent véritablement à nos besoins.

Ces bénéfices à se comporter, à croire ou à penser selon telle représentation sont aussi appelés avantages cachés. Pourquoi « cachés » ? Car justement, ils ne sont ni conscients, ni identifiés. Ces habitudes-pièges constituent un pis-aller. Elles sont bien sûr source d'inconfort et de grands désagréments : fatigue, frustration, stress. Le besoin à satisfaire est souvent celui d'être reconnu. Parmi les soifs existentielles que nous avons vues plus haut, ce besoin de reconnaissance est le plus fort.

Notre manager est tellement surchargé qu'il manque de temps. Mais que se passe-t-il pour lui à ce moment-là ?

Il fait face à de nombreuses responsabilités difficiles à assumer. C'est dur mais en travaillant plus vite il pense qu'il peut y arriver. Telles sont les exigences de son poste. L'avantage caché ne serait-il pas ce besoin de reconnaissance à ses yeux : « Finalement, je suis quelqu'un d'important avec une grosse capacité de travail[5] » ?

Ou il a tant de choses à faire qu'il est sous pression et ne sent pas la fatigue. L'avantage ne serait-il pas alors ce besoin de reconnaissance aux yeux des autres, en se croyant ainsi le centre du groupe ?

Le piège principal consiste à vouloir être reconnu pour ce que l'on fait et non pas pour ce que l'on est. On trouve alors toute sa raison d'être dans le faire et pas dans l'être.

Le bénéfice secondaire principal réside bien là : trouver dans le regard des autres la valeur que l'on ne se reconnaît pas soi-même. Nous nous focalisons sur l'extérieur pour mieux nourrir l'intérieur. Cette vision est source de grands tiraillements entre « ce que je suis » et « ce que je parais être » et, par conséquent, ce que je fais.

> *Changer ses habitudes-pièges en habitudes-liberté est possible si on s'ouvre au champ de tous les possibles et que l'on choisisse les bénéfices à être authentique (choisir), tout en restant fidèle à soi, au lieu de se laisser guider par les bénéfices secondaires (subir).*

5. Cf. chapitre 1.

Changer les habitudes-pièges en habitudes-liberté

Repérer ses habitudes-pièges revêt une importance capitale. En effet, les habitudes s'appuient sur la vision du monde (ce et ceux qui nous entourent). Et la vision du monde est à l'origine de la façon de penser (idées), de dire (paroles) et d'agir (actions), ce qui implique des attitudes et comportements vis-à-vis de soi et des autres.

Se pencher sur nos attitudes et comportements est un premier pas qui déclenche de petits changements d'habitudes à un certain degré de profondeur sur une durée donnée. Revisiter notre vision de ce et ceux qui nous entourent, nos représentations, nos croyances, implique de grands changements en profondeur et durables.

> *Comme il y a un lien entre soi, notre corps physique, nos sensations et perceptions, nos formations mentales (c'est-à-dire nos représentations et émotions liées), et notre conscience, notre connaissance, nous savons tous désormais où faire peser l'effort : dans la prise de conscience et le remplacement des habitudes-pièges.*

Le premier pas est d'apprendre à distinguer les habitudes-pièges des habitudes-liberté.

En effet, ce qui fonctionne dans une situation donnée ne fonctionne pas ou plus quand la situation change. Or les situations changent constamment et nous nous trouvons littéralement ligotés par nos habitudes qui nous empêchent de nous adapter et qui nous mettent en péril.

Il est impossible de « dés-apprendre » des habitudes et s'il y a de l'énergie à mettre en œuvre quelque part, ce n'est pas en luttant contre les habitudes mais en :

- prenant conscience des freins qu'elles représentent ;
- ne culpabilisant pas, ce qui reviendrait à ajouter un frein pour avancer ;
- étant volontaire pour changer telle habitude devenue dérangeante, cause de frustration, d'insatisfactions en tout genre.

Le deuxième pas consiste à apprendre quelque chose de nouveau que je pourrais utiliser à la place. Il s'agit d'apprendre une nouvelle habitude incompatible avec la première, car le cerveau ne peut pas faire deux choses contradictoires à la fois.

Par exemple : il n'est pas possible d'apprendre à ne plus être en colère, mais il est possible d'apprendre à se calmer. Si je suis calme, je ne peux plus être en colère dans le même temps. Ce qui signifie que je remplace une habitude par une autre.

Cela nécessite, d'une part, un minimum d'entraînement et d'accepter, d'autre part, que cela puisse fonctionner en fonction de son propre rythme d'apprentissage.

S'entraîner à rester calme est un exercice à faire régulièrement et pas seulement au moment où l'on a besoin d'être calme. « C'est en forgeant que l'on devient forgeron. »

Les conditions du changement

Il n'est pas possible de se libérer d'un piège avant de savoir que nous sommes bel et bien piégés et sans comprendre comment le piège fonctionne. Grâce à cette démarche, nous allons passer du « subir » (on ne peut pas faire autrement) au « choisir » (avoir une marge de manœuvre, un pouvoir d'action).

Pas d'astuces mais un processus

En s'accordant le droit à l'erreur de retomber dans des habitudes-pièges, la progression se fera au rythme propre à chacun, au travers de son processus d'apprentissage, et permettra de remplacer les habitudes-pièges (frein) en habitudes-liberté (moteur).

C'est un processus, en effet, pas un ensemble d'astuces ou de recettes magiques, fortement plébiscitées pourtant dans notre civilisation qui porte un culte à l'urgence et au tout, tout de suite. Nous voulons des raccourcis pour « gagner du temps », ce qui est une erreur d'évaluation... une erreur fatale!

Développer l'estime, la confiance en soi et la connaissance de soi permet de définir clairement ses priorités de vie. Faisons en pleine conscience ce que nous souhaitons faire, cela donne du sens à nos actions concrètes quotidiennes. Faisons-le dans le respect de soi, de ses choix et ses rythmes.

Prendre conscience de la notion d'effort et de la force de l'habitude

Toute acquisition de compétences nécessite inévitablement des efforts. Tout apprentissage nécessite aussi le désir de faire ces efforts pour changer ses habitudes! C'est là qu'il y a frein.

Il nous semble intéressant à ce stade de s'arrêter à la notion d'effort. Il y a, semble-t-il, une croyance limitante sur la notion d'effort : il faut lutter pour y arriver. En fait, lorsque le contrôle et les efforts tendus dominent, le relâchement et la juste tension s'éloignent et, partant, on obtient moins de résultats. Tous les grands sportifs le savent et en particulier les golfeurs. Une concentration sur l'instant et un grand relâchement sont garants du meilleur coup! La répétition du geste et la persévérance le sont tout autant.

La question à se poser est celle du juste effort qui permettra d'atteindre l'objectif. Il s'agit ni de « trimer » ni d'attendre que tout vienne tout seul.

Il est juste question d'être conscient du choix possible et de ce qu'il implique, et de vivre cette progression, somme toute naturelle, non pas comme un effort mais comme un processus de développement dont le rythme doit être respecté.

> *Une fois la force de l'habitude vaincue, la récompense, la liberté, est au bout du chemin.*

La liberté d'avoir choisi nous donne la liberté de choisir encore plus. C'est ainsi que se met à jour, devant nos yeux, le processus de renouvellement perpétuel des habitudes afin de rester dans la dynamique de vie inhérente à tout être humain.

Le choix est là : d'un côté, la sclérose, la paralysie, la stagnation, le non-mouvement dans nos habitudes-pièges, ou, de l'autre, le changement, l'action, le juste effort et le mouvement en remettant à jour régulièrement nos habitudes par des habitudes-liberté. Tout ceci est une question d'entretien et de maintenance finalement!

Ce dernier point signifie que les habitudes-pièges sont toujours là, en toile de fond, et qu'il faut sans cesse repérer les moments où nous risquons d'y retomber pour les remplacer par des habitudes-liberté.

Les étapes de l'apprentissage

L'apprentissage fait son œuvre progressivement. Ces étapes sont incontournables. Elles sont issues de la PNL (programmation neurolinguistique) et bien connues de tous les pédagogues et autres formateurs.

Au début, tout va bien, je suis inconscient de mon incompétence : je ne sais pas que je ne sais pas! Puis progressivement, je prends conscience de mon incompétence : je me rends compte que je ne sais pas. Les choses se gâtent et deviennent inconfortables.

C'est là aussi qu'il y a choix : soit je me dis « OK, je ne sais pas » et cela reste comme cela car je ne souhaite pas aller plus loin. Soit l'inconfort est trop fort et je passe à l'étape suivante : je deviens conscient et compétent.

Enfin, grâce à tous les efforts fournis, les droits à l'erreur que je me donne, les essais/erreurs/réparations et surtout grâce à ma volonté, mon vouloir-faire pour arriver, j'arrive au niveau de compétence inconsciente où, à un certain moment, j'ai tout intégré et je ne me rends même plus compte de « comment je fais » : grâce à la progression et la pratique régulière, l'intégration se fait finalement en douceur.

Un moment pour faire le point avec soi

Changeons notre regard sur le temps et prenons conscience des habitudes-pièges liées à nos représentations et amorçons l'entraînement : remplacer les habitudes-pièges par des habitudes-liberté pour changer nos actions quotidiennes.

Accepter le rythme naturel de son propre processus de développement, en y investissant le juste effort permet de remplacer les habitudes-pièges par des habitudes-liberté. Quelles sont les habitudes-pièges et par quoi les remplacez-vous ?

En choisissant d'apprendre, la liberté est au bout du chemin.

Développer de nouvelles compétences

Dans les pages précédentes, nous avons suggéré une démarche qui vous a permis de prendre conscience de vos besoins, messages contraignants, relations vis-à-vis de vous et des autres, bénéfices cachés et enfin habitudes-pièges et habitudes-liberté.

Nous vous proposons à présent d'approfondir cette prise de conscience pour véritablement mettre en pratique au quotidien et développer ainsi vos compétences :

- se mettre en posture de choix : faire un pas vers la stratégie ;
- rechercher l'équilibre entre évoluer et résister ;
- marquer des temps d'arrêt ;
- changer soi-même afin de s'impliquer à l'extérieur.

Initier un cercle vertueux afin de gérer en stratège l'utilisation de son temps, et ainsi ne plus avoir cette sensation de subir mais de choisir, est possible : désintoxication et régénération sont alors au programme car cela s'apprend !

Se mettre en posture de choix : être le stratège de son temps

Il est possible d'apprendre à devenir un individu à part entière et être en cohérence avec ce que l'on pense, dit, fait pour plus de satisfaction. Le bien-être prend ici tout son sens. « Bien-être » et « être bien » en tant qu'« être humain » dans sa vie et donc dans son « temps ».

Être stratège avec le temps s'apprend : cela signifie qu'il y a des compétences à développer et à mettre en œuvre. Ces compétences fondamentales nécessaires à tout acteur clé de l'entreprise – ou de sa vie privée – sont intimement et inextricablement liées les unes aux autres :

- apprivoiser le temps en y portant un autre regard ;
- apprivoiser le stress en s'adaptant au changement ;
- approfondir la connaissance et la compréhension de soi ;
- approfondir la compréhension des autres pour créer des relations constructives.

Il s'agit, en fait, de déployer sa créativité qui est, à la fois, le point de départ et la résultante des 4 points cités ci-dessus : les uns ne fonctionnent pas sans les autres :

- si je ne sais pas apprivoiser le temps, il sera source de stress. Sous l'emprise du stress, nous communiquons mal et ne sommes ni performants ni créatifs ;
- si je ne sais pas apprivoiser le stress, ce sera au détriment de mes relations et de la gestion de mon temps, ce qui ne sert pas mon efficacité et ma créativité ;
- si je n'approfondis pas la connaissance de moi-même, je ne comprendrai pas le mode de fonctionnement qui m'enferme dans une gestion du temps et du stress préjudiciables pour moi et les autres. Pas de créativité et de résultats au rendez-vous ;
- sans créativité, je ne peux trouver les différentes voies qui peuvent me conduire vers moins de stress, vers une meilleure efficacité dans les résultats et vers les relations, pour ainsi devenir stratège de mon temps.

L'objectif final est de retrouver sa liberté d'action, d'être acteur – donc de choisir et non pas de subir – et de développer une motivation par la réussite et non par la peur. Il s'agit de mobiliser son énergie vitale pour arriver aux résultats que l'on s'est fixés.

> *Être stratège de son temps, c'est maîtriser ses compétences, changer son regard sur ce que l'on sait déjà et éviter le piège de l'évidence, c'est-à-dire celui des habitudes !*

Convoquons notre libre arbitre pour nous permettre de choisir l'une des deux voies suivantes :

– « Je me maintiens dans la situation actuelle ou je décide d'avancer » ;

– « Je choisis d'apprendre ou de ne pas apprendre, de maintenir mes habitudes ou de les remplacer ».

On ne peut pas forcer quelqu'un à apprendre. Le moteur, c'est la motivation : avoir envie de faire. Et pour avoir envie, il est indispensable, à l'instant de la prise de décision, de définir le sens et donc l'objectif.

Nous avons le choix de créer et choisir, ou de réagir et subir, c'est-à-dire entre la création ou la réaction :

– **être dans la création**, c'est avoir un temps d'avance, tenir ses rêves, anticiper, prendre du recul, de la distance pour choisir et déjouer les pièges ;

– **être dans la réaction**, c'est être dans l'immédiateté, l'instantanéité, l'automatisme, la « tête dans le guidon », donc subir et tomber dans les pièges.

Savoir ce que je veux et ce que je ne veux pas, et être en recherche constante d'équilibre est un prérequis indispensable pour être stratège de son temps. Être clair sur son cap, ses priorités, s'autoriser à s'adapter aux changements, changer le chemin provisoirement tout en maintenant son cap : c'est comme cela que, sur les flots, les plus grandes courses en solitaire ou en équipe se gagnent ! Rien de nouveau sous le soleil ! Mais pourquoi ne le faisons-nous pas ?

À l'inverse des grands sportifs, nous nous dispersons vers l'extérieur. Pour le sportif, son capital, c'est lui ! Il sait être stratège dans son effort pour atteindre son objectif du moment : relaxation, visualisation, efforts, récupération. Parfois, l'objectif n'est pas atteint. Il s'agit de l'accepter, de réajuster. L'objectif peut lui aussi changer et il s'agit de se donner le « droit à l'erreur » ou le « droit à la flexibilité » pour justement continuer à évoluer et à avancer sans s'enliser dans les regrets et la culpabilisation.

Rechercher l'équilibre entre évoluer-résister

Changer n'est pas de tout confort, cela demande des efforts, de décider et de faire. Il faut reprendre conscience que cette loi de l'effort est incontournable et vitale car si cet état de fait est mis de côté, il n'est tout simplement pas possible d'évoluer. Le risque est alors de stagner, voire de dégénérer. La création devient la destruction, choisir est remplacé par subir. Lorsqu'il faut réagir aux événements, la logique est alors de se laisser mener par eux.

Il s'agit finalement de « surfer » entre évoluer et résister, car la finalité de la nature humaine est d'évoluer et aussi de résister à cette évolution. Nous l'avons dit, ce qui est connu est plus confortable que ce qui est inconnu.

> *Toutes ces étapes sont difficiles à franchir et à vivre mais, à chaque étape franchie, leur dépassement procure un bien-être nouveau qui confirme que l'on est sur le chemin de l'évolution. Cependant, tout change constamment et nous sommes finalement en perpétuel réajustement et donc en perpétuelle recherche d'équilibre.*

« Et s'accrocher à ses vieilles souffrances est plus rassurant que de s'ouvrir aux surprises de la vie. La liberté et l'inconnu effraient », explique François Roustang, philosophe, psychanalyste de formation et hypnothérapeute[6].

La démarche de recherche d'équilibre est la même au niveau du temps. Les points de repères sont nos priorités qui peuvent changer, pourvu que la satisfaction soit là. Afin de repérer notre indice de satisfaction, revenons à nous-même, notre corps, nos sensations, nos perceptions, nos croyances et nos connaissances.

Marquer des temps d'arrêt

> *Il est important d'accepter d'investir du temps, de s'arrêter, pour se poser les bonnes questions.*

Pour trouver l'équilibre et choisir la « stratégie temps » qui donne satisfaction, il est nécessaire de se poser d'abord, c'est-à-dire de marquer des temps d'arrêt pour intérioriser. Et c'est inconfortable... On ne le fait donc pas et, là, on sait être très stratège et créatif pour ne pas le faire. Il ne s'agit donc pas d'une incapacité à être stratège et créatif, il s'agit d'une grande difficulté à s'arrêter pour se rencontrer.

Mais l'inconfort profond risque d'aller en s'accroissant. De l'inconfort véritable mais temporaire de se poser les questions qui font avancer, on choisit, plus ou moins consciemment d'ailleurs, l'inconfort durable

---

6. François Roustang, *Il suffit d'un geste*, Livre de Poche, 2004 et *La fin de la plainte*, Odile Jacob, 2001.

mais connu de notre situation actuelle même si elle ne nous satisfait pas. Nous ne le faisons pas parce que cela demande des efforts, que c'est inconfortable voire douloureux et que, finalement, la situation actuelle apporte des avantages (plus ou moins conscients aussi) et que nous ne voyons pas les avantages à changer. Seulement, on ne peut pas faire l'économie de ce passage si on choisit d'évoluer et de progresser.

Nous sommes ce que nous sommes et non pas ce que nous faisons. Nous sommes surtout la somme de nos choix et nous ne le savons pas toujours. Changer ses habitudes et surtout ses croyances, reprendre le « pouvoir » en main et arrêter de donner du pouvoir aux autres et à l'extérieur, tout cela permet de devenir acteur de sa vie.

Se poser les bonnes questions est essentiel. À ce titre, il est intéressant de citer Thomas d'Ansembourg[7] :

> *« Suis-je en train d'ajouter des choses à faire dans ma vie ou de mettre plus de vie dans ce que j'ai à faire ? Ce que je fais là, m'occuper de ma famille, travailler quelques heures de plus, est-ce une authentique rencontre avec moi, mon élan vital ou une belle fuite pour ne pas avoir à savoir qui je suis et ne pas faire face aux véritables difficultés ? Est-ce que je fais cela pour être reconnu ou bien en m'acceptant tel que je suis ? »*

Le témoignage de David Douillet dans son livre[8] donne également à réflexion :

> *« Par expérience, j'ai appris que l'on ne peut pas faire des choix sensés, sereins, honnêtes et objectifs sans se connaître parfaitement. Cette notion de la connaissance de soi est fondamentale car, finalement, je serai le premier à devoir assumer la conséquence de mes choix. Il faut donc qu'ils correspondent à ma personnalité, à mon caractère, à mes capacités physiques ou intellectuelles, à mes désirs, à mon ambition. Et personne ne peut les connaître mieux que moi. Je dois donc avant tout "écouter" ce que j'ai dans le cœur et dans la tête, et me poser les bonnes questions. Qu'est-ce que j'ai envie de faire, qu'est-ce qui m'intéresse le plus, où est-ce que je me sens bien, avec qui, dans quel milieu ? »*

« Drogué à l'urgence », il est essentiel de s'arrêter et de ne pas tomber dans ce piège qui nous évite de nous poser les bonnes

---

7. *Être heureux, ce n'est pas nécessairement confortable*, Éditions de l'Homme, 2004.

8. David Douillet, *L'âme du conquérant*, Robert Laffont, 1998.

questions pour progresser. Comme tout sevrage, c'est inconfortable mais salutaire. On ne peut pas en faire l'économie lorsque le choix est d'avancer et de changer.

Se changer soi pour changer les actions

Être clair sur ses priorités pour soi, pour être, permet de prendre spontanément les décisions qui en découlent et de les mettre en action : changer soi pour changer les actions.

Savoir choisir un état d'être intérieur devant n'importe quel événement extérieur est le début de la maîtrise de soi et surtout la maîtrise de l'instant, de l'événement qui se présente, c'est-à-dire du temps. Peu importe ce qu'apportera l'instant extérieur, le monde extérieur perdra de son pouvoir car il sera affecté par notre façon d'être.

Lorsque l'on monte à cheval, il ne faut surtout pas que le cheval sente que l'on a peur. Si on ne lui donne pas l'impression de maîtriser la situation, il prendra le contrôle. Ne laissons pas le cheval nous emballer. Tenons les rênes fermement et en souplesse dans un état de clarté et de lucidité intérieures (calme, sérénité) pour conduire le cheval avec nous dessus et non pas contre, là où nous voulons aller ensemble (coopération, compréhension, confiance).

La peur engendre la méfiance, la maîtrise engendre la confiance.

Un moment pour faire le point avec soi

1. Suis-je en train d'ajouter des choses à faire dans ma vie ou de mettre plus de vie dans ce que j'ai à faire ?

2. Ce que je fais là, est-ce une rencontre authentique avec moi, mon élan vital ?

3. Est-ce que je fais cela pour être reconnu ou bien en m'acceptant tel que je suis ?

4. À vous de conjuguer tous ces verbes pour vous : être, faire, avoir, vouloir, demander, donner, chercher, créer, ressentir.

5. Maintenant que je sais que les données changent, ont changé, que puis-je inventer de nouveau pour maintenir le cap ?

Entretenir son nouvel équilibre

Un équilibre est sans cesse à retrouver. Il s'agit de faire le juste effort face à la vie donc face au temps pour que celui-ci soit un allié. Voilà ce que nous vous proposons maintenant :

– prendre soin de soi ;

– déployer le juste effort : savoir lever le pied pour prendre de l'avance ;

– un moment pour faire le point.

Prendre soin de soi

La démarche consiste d'abord à se réconcilier avec soi pour être en relation authentique avec les autres afin que la relation puisse réellement exister. Aller de l'intérieur, c'est-à-dire de soi, vers l'extérieur ouvre la voie de l'équilibre.

> *Il est question de tracer son chemin, faire ses choix, définir ses priorités, être clair sur les différents rôles de sa vie et accepter qu'ils puissent coexister dans un équilibre. C'est une harmonie à trouver sans cesse car la vie est un éternel ajustement vers cet équilibre qui convient et correspond à un instant espace-temps donné.*

Pour cela, soyez lucide et conscient car il s'agit bien de dépasser la « conformité » dans laquelle notre éducation nous a formatés, afin d'évoluer dans le respect de soi, sans se trahir et tout en respectant l'autre, bien sûr.

Respecter l'autre ne signifie pas être complaisant, ce qui ne fait avancer personne. Respecter l'autre et la relation à l'autre, c'est décider et choisir qui je suis en rapport avec qui il est et ne pas se perdre, au risque de provoquer de l'amertume, de la rancœur, des frustrations. Ces relations stériles nous éloignent à grands pas de l'acceptation de l'autre ou de l'événement tel qu'il se présente à nous.

Est-il possible d'agir sur soi ? Oui ou non, c'est à nous de voir et de décider, car personne ne peut le faire à notre place. Nous sommes responsables de nos choix et choisir ou ne pas choisir est déjà un choix. Nous ne sommes pas coupables de ne pas savoir et donc de ne pas être compétents en la matière.

Il s'agit d'avoir une autre vision du temps, des événements car, souvenez-vous : « Ce ne sont pas les événements qui nous font souffrir, mais l'idée que nous en avons », dit Epictète.

Pour changer, il faut commencer par devenir soi, trouver sa propre identité.

Choisir de se changer soi pour aller autrement vers l'extérieur donc vers les autres. Ainsi, il sera plus aisé de trouver le point d'équilibre entre l'intérieur et l'extérieur afin de diminuer le pouvoir que nous attribuons à l'extérieur sur nous-mêmes.

Déployer le juste effort : savoir lever le pied pour prendre de l'avance

L'élan vital nous permet de réaliser au quotidien une multitude d'activités dans un laps de temps donné et nous permet de nous développer, de répondre à nos besoins, d'être, car la « finalité de l'être, c'est d'être », dit Laborit, et de durer.

Que faire pour préserver son énergie, ses ressources physiques et mentales ? Que faire pour récupérer suite à l'action ?

> *La récupération est un besoin physique fondamental. Or, tout cela semble souvent oublié. Récupérer, se relaxer est un phénomène naturel et absolument nécessaire à tout animal, y compris l'humain. Si ce besoin physique n'est pas respecté il y a épuisement. Pour préserver son énergie, il s'agit d'ajuster son effort, d'adopter le juste effort en fonction de l'action à mener.*

La relaxation permet de dépenser le moins d'énergie possible quand ce n'est pas utile, quand cela ne sert pas l'objectif que l'on s'est fixé et de se reposer de la fatigue liée à l'effort de fuite, de lutte. Elle permet aussi de gérer les émotions qui régissent les comportements.

Malheureusement, nous le constatons chaque jour, nous avons perdu l'habitude de respecter notre nature profonde. Pourtant, l'inactivité fait partie de l'activité. Un bon état de relaxation augmente son potentiel physique mais également ses facultés mentales.

En effet, pour être efficace, le corps a besoin de repos pour récupérer ses forces physiques, le cerveau en a besoin pour faire le tri, maintenir son fonctionnement et récupérer son activité psychique.

Dès que les images produites dans le cerveau sont négatives, des tensions musculaires excessives et des perturbations de nos rythmes biologiques apparaissent. Elles se répercutent instantanément dans les muscles et les organes. Cependant, quand les muscles se relâchent, le cerveau se relâche aussi.

Seulement, plus nous avons besoin de nous relaxer, moins notre instinct nous dit de le faire. Face à une « menace », le cerveau reptilien a comme rôle de nous en préserver et donc de devenir hypervigilant.

Savoir se relaxer permet de dépenser uniquement l'énergie utile pour l'action, la fatigue se fait moins sentir, nous relativisons et notre efficacité s'en trouve accrue. Mais cette attitude n'est pas spontanée et il est nécessaire de l'apprendre.

Pour certaines personnes droguées à l'activité à tout prix, le fait de ralentir quelques instants provoque une anxiété instinctive leur donnant la sensation de perdre leur efficacité et de ne plus être dans la « course », et elles préfèrent se replonger dans l'activité, quitte à risquer le « burn out », état d'épuisement quelquefois fatal.

Si vous souhaitez et choisissez d'être plus efficaces, en meilleure santé, de développer des relations agréables avec votre entourage, d'être plus disponibles et créatifs et d'être stratèges de votre temps, il est indispensable de retrouver son calme pour prendre du recul et mieux gérer ses priorités.

Un moment pour faire le point avec soi

Ne pas faire ce que l'on aime, c'est favoriser le surmenage car le divertissement favorise l'équilibre et la santé psychique. Il donne aussi un sens plus profond aux autres aspects de la vie. Le travail devient plus enrichissant, nos relations s'améliorent. Le jeu nous rend plus positifs. C'est quelque chose de naturel et d'instinctif chez les enfants.

L'envie de s'amuser, de se détendre, de se débarrasser du stress et des tensions est innée. Malheureusement, nous avons refoulé ce besoin fondamental sous la pression. Il est temps d'y remédier en faisant tout ce qui nous plaît.

1. Et vous ? Qu'aimez-vous vraiment faire ?

2. Quand l'avez-vous fait pour la dernière fois ?

Lever le pied est la meilleure manière de prendre de l'avance. Développer la relaxation : la régulation de la respiration, la détente musculaire, l'attention aux perceptions sensorielles, la visualisation et/ou le ralentissement de la pensée permettent de le faire (cf. Pour gérer son stress, chapitre 5).

> *Corps et esprit sont conçus pour survivre au stress, aux contrariétés, aux chocs émotionnels, à condition que l'un et l'autre soient capables de s'adapter et de récupérer. Il s'agit d'être en mesure de recharger ses batteries et de réapprendre à respecter corps et esprit pour maintenir l'équilibre, de prendre soin de soi.*

Il s'agit bien d'allier les deux. Changer sa façon de voir pour changer sa façon d'être, y compris dans sa dimension physique !

La gestion du temps est un leurre

Le temps est une ressource qui ne se gère pas car il n'est pas une ressource externe à l'individu. Il est temps maintenant d'ouvrir les yeux et d'accepter que le temps ne se gère pas car il ne se renouvelle pas, il passe, s'écoule inexorablement…

Le savoir, et ne pas en tenir compte au quotidien, s'acharner à vouloir nier cette évidence n'est pas une stratégie gagnante. Pour compliquer les choses, toutes les méthodes, tous les outils connus font croire qu'il suffit d'astuces et de recettes pour « gérer son temps ». La véritable recette consiste pourtant à porter un autre regard sur le temps.

Comme le temps est ingérable, ce qui compte, c'est « comment je vis » le temps. Voilà la véritable urgence : s'arrêter pour écouter, observer, se poser les bonnes questions pour choisir ce qui est essentiel, pour vivre le temps et vivre tout court car le temps, c'est la vie.

Cette aventure n'est possible que si chacun réintègre dans son esprit les bases de la vie : la biologie ou logique de la vie, ou élan de vie qui ramène à soi dans sa manière de vivre ou comment je vis le temps.

La vie, c'est de l'énergie, c'est l'élan vital : la question est donc comment et où je place mon énergie pour avoir cette sensation et perception essentielle que je « trouve le temps » de faire, d'avoir et d'être. Le but est bien de revenir dans la réalité opérationnelle et quotidienne, de réaliser et concrétiser ses choix, donc de rendre réel ce que nous voulons.

La véritable question est comment je vis le temps. La perception du temps est totalement subjective et n'a finalement pas beaucoup à voir avec le chronomètre ! Cette perception dépend de soi : ce sont nos sensations, nos perceptions, nos croyances, notre connaissance, notre corps physique qui nous feront dire « c'est long, c'est court, c'est vide, c'est excessif, ce n'est pas assez ou pas satisfaisant ». Percevoir le temps juste, c'est percevoir une satisfaction qui résonne en nous dans notre corps, nos sensations et perceptions, nos croyances, notre connaissance, notre conscience.

Cette réelle satisfaction passe par la définition de mes objectifs et priorités. En effet, quand l'écart entre ce que je pense, je veux, je ressens et ce que je fais n'est pas loin de zéro, le degré de satisfaction est fort et je ne ressens plus de frustrations et de déceptions avec une impression de « perdre mon temps ». Le temps est vécu dans sa densité la plus intense et celui qui le vit ne se pose pas ou plus la question du temps.

La vie change perpétuellement et accepter que le temps soit constitué de prévu et d'imprévu est un grand pas. Le temps, c'est la vie, qui bouge, remue, vibre, change sans arrêt. Nous aimerions que cela ne bouge pas, ne remue pas, ne nous surprenne pas, surtout quand on a passé des heures à tout caler dans son agenda.

Changer notre perception du temps, c'est accepter, intégrer que rien n'est figé : ce n'est pas nouveau, mais nous n'en tenons pas toujours compte au quotidien. Pour cela, il faut accueillir ces « imprévus » comme autant de données extérieures à « remouliner » en étant créatif dans le sens de nos objectifs et de nos priorités. Les ordinateurs le font très bien. Il s'agit pour nous de donner la bonne information à notre ordinateur personnel, c'est-à-dire notre cerveau.

Revenir à la vie et sa logique pour ne pas « aller contre » mais « aller avec » pour utiliser notre énergie à bon escient, au bon moment, au bon endroit avec la bonne personne, de la bonne manière… et ne pas se battre contre des moulins à vent car c'est épuisant et insatisfaisant.

En faire une condition incontournable, c'est devenir « stratège », acteur de son temps, de sa vie et de passer du « je subis » au « je choisis ».

C'est un changement, une évolution, un apprentissage : ce sont des compétences à développer. Apprivoiser le temps devient un jeu stratégique et alors un agréable passe-temps avec soi-même, les autres et les événements extérieurs.

✔ Autodiagnostic du chapitre 4

Nous vous proposons 60 affirmations relatives au temps.

Cochez « plutôt vrai » si le comportement vous correspond et « plutôt faux » dans le cas contraire.

	Plutôt vrai	**Plutôt faux**
1. Je cherche à faire les tâches à la perfection dans les moindres détails.		
2. Je privilégie l'action à la réflexion.		
3. J'évite que les autres puissent se sentir mal à l'aise.		
4. Je suis très observateur et je détecte les erreurs que les autres ne voient pas.		
5. Je mène plusieurs projets à la fois et j'ai du mal à les terminer.		
6. Je n'arrive pas à me fixer un objectif concret et à planifier les étapes de réalisations.		
7. J'ai des difficultés à planifier mes activités lorsque c'est nécessaire.		
8. J'ai tendance à reprocher aux autres mes problèmes de gestion du temps.		
9. Être ponctuel est une marque de respect vis-à-vis des autres.		
10. J'ai des difficultés à dire non aux autres.		
11. J'ai besoin d'attendre le dernier moment pour être productif.		
12. J'examine dans le détail tous les aspects d'un problème avant de décider.		
13. Je consacre du temps à chercher la meilleure solution logique face à un problème.		
14. J'attends que les autres s'organisent de leur propre initiative.		
15. Je consacre du temps à expliquer les choses en détail pour être sûr que mes interlocuteurs aient compris.		

	Plutôt vrai	**Plutôt faux**
16. J'ai tendance à me disperser.		
17. Je me sens à l'aise dans les activités structurées par les autres.		
18. J'ai naturellement tendance à faire un nombre limité de choses à la fois.		
19. Je n'établis pas de priorités.		
20. J'hésite à prendre une décision qui mécontentera quelqu'un.		
21. Je commence par les activités sérieuses et difficiles.		
22. J'aime changer de rythme, passer d'une activité à une autre.		
23. Je me dis parfois que je suis trop lent et que je n'aurai pas le temps nécessaire pour terminer.		
24. Je planifie et j'anticipe les situations.		
25. Je prends des engagements vis-à-vis de beaucoup de mes interlocuteurs même s'il m'arrive de ne pas toujours tenir les délais.		
26. Je suis très exigeant vis-à-vis de moi-même et vis-à-vis des autres.		
27. Je vis comme une contrainte les méthodes de gestion du temps.		
28. J'ai le regret de ce que je n'ai pas réalisé.		
29. Je suis ponctuel et j'apprécie que les autres le soient également.		
30. Je saisis les opportunités même lorsque l'activité n'était pas prévue.		
31. J'ai tendance à me laisser envahir par les demandes des autres.		
32. J'ai besoin d'être convaincu pour m'investir pleinement dans une activité.		
33. Je mets beaucoup d'énergie au début et ensuite il m'arrive d'abandonner.		

	Plutôt vrai	Plutôt faux
34. Je peux passer de longs moments à ne rien faire et à rêver.		
35. Par défi, j'accepte plus d'activités que je ne peux en prendre.		
36. Je cherche spontanément à aider et à rendre service même lorsque mon interlocuteur n'a pas formulé de demande.		
37. Je vérifie le travail des autres et je le corrige.		
38. Je reporte les tâches ennuyeuses et je les fais au dernier moment.		
39. J'ai des difficultés à me satisfaire de la qualité de mon travail.		
40. Je suis stimulé par les changements d'activités rapides.		
41. Il m'arrive de me dire que tout va bien mais que cela ne va pas durer.		
42. J'admets mal que certains ne soient pas mieux organisés dans le cadre du travail.		
43. Je ne me repose pas après avoir terminé un travail.		
44. J'attends que les autres se débrouillent par eux-mêmes.		
45. Je prends volontiers en charge le travail des autres.		
46. Je ne comprends pas que l'on puisse ne rien faire.		
47. Je fais les choses par moi-même et je demande rarement de l'aide.		
48. Je passe beaucoup de temps dans des contacts informels.		
49. Avant de me détendre, je mets un point d'honneur à terminer mon travail.		
50. Je prends des décisions impulsives qu'il m'arrive de regretter.		
51. Je me ressource dans de longs moments de solitude.		
52. Je supporte mal l'improvisation, les aléas qui perturbent mon organisation.		
53. J'ai des difficultés à entamer la première démarche par rapport à un projet.		

	Plutôt vrai	Plutôt faux
54. Je ne comprends pas que d'autres montrent leurs émotions ou des signes de faiblesse.		
55. Je surestime les difficultés dès le début d'un projet.		
56. Il m'arrive d'imposer mes délais et mes urgences aux autres.		
57. J'arrive souvent en retard.		
58. Il m'arrive d'oublier des choses importantes.		
59. En cas de stress, j'ai tendance à attendre sans rien pouvoir faire.		
60. Mon bureau ressemble à un joyeux capharnaüm.		

Corrigé p. 197.

5
EMPLOI DU TEMPS

Il existe pléthore de recettes déjà publiées dans de nombreux livres et revues. Mais l'application des recettes *stricto sensu* produit, certes, de l'efficacité mais peut aliéner la pensée. La recette efficiente dans un contexte se révélera contre-performante dans une autre situation. C'est pourquoi nous pensons que ce sont les questions qui produisent de l'intelligence, et non nos réponses. Nous fidélisons nos clients avec ce principe.

Les recettes ont seulement glorifié les cuisiniers ; elles n'ont jamais fait de leurs admirateurs de grands cuisiniers.

Adaptez donc les méthodes présentées ci-dessous en y ajoutant votre « grain de sel » personnel.

Pour trier essentiel, priorité et urgences

Que veux-je faire de ma vie ? Qu'est-ce qui est essentiel pour moi ? Qu'est-ce qui me permet de choisir et non de subir ? Comment gouverner mon temps ? Ai-je envie de progresser, de me transformer, de rompre avec mon passé ? Autant de questions qu'il convient de se poser de temps en temps, au risque de voir sa vie filer à toute vitesse sans lui donner du sens. Nous sommes la somme de nos choix.

Les moments opportuns pour se poser ces questions, et y répondre pour soi, sont les grands virages de la vie. Chaque virage, heureux ou douloureux, ouvre une occasion de réorienter sa vie si nécessaire. Il joue le rôle d'un sas de décompression dans la course effrénée de la vie moderne. Ces virages sont, par exemple, le premier emploi, une cohabitation en couple, la naissance d'un enfant, un déménagement, une promotion, une démission, un plan social, le départ des enfants, un deuil... Il convient de réviser son système de priorités à ces moments-là.

Quelle que soit l'efficience de l'organisation du temps avant le virage, celui-ci nous confronte « in fine » à des choix de vie. Il est nécessaire de clarifier ses choix, d'en accepter ensuite les avantages et les contraintes afin de bien les vivre, et trouver ainsi un nouvel équilibre de vie.

Les sphères de vie

Nos lecteurs, en majorité des cadres, ingénieurs et techniciens en activité professionnelle, évoluent dans 5 « sphères de vie » : professionnelle, sociale, familiale, personnelle et la sphère du passé.

• La **sphère professionnelle** recouvre le métier, la trajectoire professionnelle, l'argent, le pouvoir, la notoriété, la formation... Les questions à se poser sont :

– « Quelles sont mes aspirations sur le plan professionnel ? »

– « Qu'est-ce que cela signifie pour moi de réussir professionnellement ? »

– « Quel rôle je souhaite jouer auprès de mes partenaires, clients, collègues ? »

– « Qu'attendent-ils de moi ? »

Des réponses possibles sont :

– assurer un certain niveau de revenu ;

– être fidèle à mon entreprise ;

– changer souvent d'entreprise pour accumuler des expériences diverses ;

– apprendre de manière continue par ma pratique, mes lectures et ma participation à des colloques d'experts ;

– renouveler les techniques et expérimenter la nouveauté ;

– écrire et faire paraître des articles tirés de mes observations et analyses...

• La **sphère sociale** recouvre les activités politiques, artistiques, culturelles, les réseaux, les amis... Par exemple :

– participer à la vie citoyenne en assurant un rôle au sein du conseil municipal ;

– organiser des rencontres dans des lieux insolites avec mes amis ;

– m'impliquer dans l'association Protection de la Nature ;
– me rendre au moins 2 fois par semaine dans mon club de sport ;
– consacrer 3 heures par semaine à la peinture ;
– chanter au sein de la chorale tous les samedis ;
– monter un projet de manifestation culturelle au sein de ma ville.

• La **sphère familiale** concerne le conjoint, les enfants, les parents. Voici des exemples de priorités possibles :

– concevoir des projets de voyage à 2 et les réaliser ;
– être disponible pour mes enfants lorsqu'ils le demandent ;
– participer à des activités communes avec les membres de ma famille ;
– les surprendre en leur proposant des temps forts de découverte le week-end ;
– leur assurer un certain niveau de confort matériel ;
– acheter une maison au bord de la mer pour se ressourcer en famille le week-end ;
– m'occuper de ma mère gravement malade…

• La **sphère personnelle** recouvre le corps, la santé, la spiritualité :

– « Qu'est-ce qui compte pour moi plus que tout le reste dans la vie ? »
– « Qu'est-ce qui est essentiel à mon équilibre et mon épanouissement personnel ? »
– « Qu'est-ce que je ne suis pas prêt à sacrifier à mon activité professionnelle ? »
– « Dans quel état physique et mental je veux être au moment de prendre ma retraite ? »

• La **sphère du passé** signale l'histoire et les valeurs autour desquelles nous nous sommes construits :

– « Quels sont les valeurs, les principes les plus importants pour moi ? »
– « Quels sont les principes que je ne veux pas trahir ? »
– « Quels sont les choix antérieurs qui n'ont plus cours aujourd'hui ? »
– « Qu'est-ce que je peux renier sans me sentir déshonoré ? »

Les sphères organisent et classent des questions que chacun se pose de manière plus ou moins consciente tout au long de sa vie pour choisir et décider :

– votre santé ?
– votre famille ?

– vos amis ?
– réaliser vos rêves ?
– faire ce que vous aimez ?
– apprendre ?
– défendre une cause ?
– se relaxer ?
– prendre le temps… ?
– ou… tout autre chose ?

Le management efficient et heureux de son temps et de ses priorités consiste à revisiter les priorités de chacune de ses sphères et de trouver des compatibilités entre elles.

Prenons 2 contre-exemples pour expliciter ces propos.

Lors d'un séminaire de gestion du temps en 3 modules d'une journée, nous invitâmes la première journée les participants à explorer leur sphère professionnelle. Il s'agissait de répondre à la question : « Quelles sont vos grandes priorités professionnelles ? »

Une femme de 35 ans, cadre de la fonction marketing répondit : « Faire une carrière internationale et progresser en anglais, chinois et espagnol. »

Trois semaines après, lors du deuxième module, nous explorâmes la sphère familiale en posant la question : « Qu'est-ce qui est essentiel pour vous dans le cadre familial ? » Elle répondit : « Assurer de très près l'éducation de mes enfants, être disponible pour les aider à surmonter les embûches de la vie. »

Ces 2 priorités sont chacune tout à fait viables, mais elles semblent incompatibles dans leur coexistence.

Afin de vous faciliter la tâche, nous vous proposons de faire un point sur votre vie avec le tableau ci-contre.

La fusée des finalités

Les finalités de nos rôles ainsi que celles de nos collaborateurs devraient l'emporter sur la chronologie des événements. Certes, le temps passe, minute après minute, mais notre mission dans l'entreprise consiste à opérer des choix parmi les événements en fonction de notre valeur ajoutée.

Ce qui est essentiel pour moi	Incompatibilités à l'intérieur de chaque sphère de vie et entre les sphères	Compatibilités à l'intérieur de chaque sphère de vie et entre les sphères
Sphère professionnelle		
1.		
2.		
3.		
Sphère sociale		
1.		
2.		
3.		
Sphère familiale		
1.		
2.		
3.		
Sphère personnelle		
1.		
2.		
3.		
Sphère du passé		
1.		
2.		
3.		
« Et maintenant, quels sont mes choix et ma stratégie pour mieux manager mon temps et mes priorités ? » *N.B. :* Rien ne vous oblige à changer, un bon choix peut être aussi d'assumer une continuité.		
1.		
2.		
3.		
4.		
5.		

La fusée des finalités sert à faire des choix opportuns et utiles pour servir nos priorités.

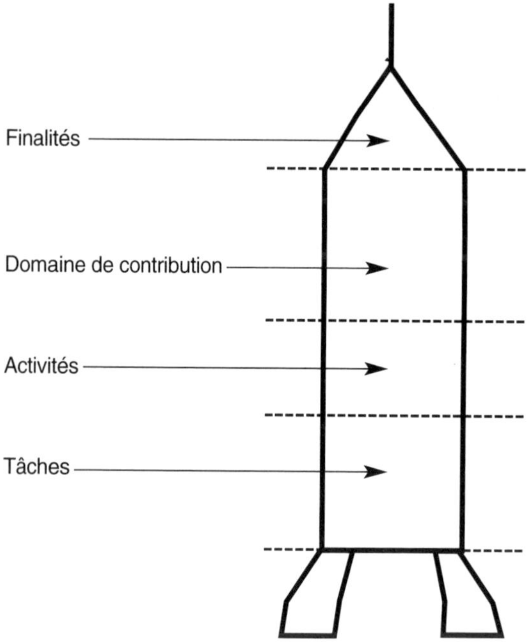

Nous employons la métaphore de la fusée dans la mesure où la réussite du lancement du dernier étage est le critère discriminant de la réussite de l'ensemble. La mission de l'ogive détermine la poussée, le calcul de la trajectoire, l'énergie nécessaire, la vitesse de propulsion…

La démarche à suivre consiste à commencer par décrire le quatrième étage pour que la définition des étages inférieurs « coule de source ».

Il ne suffit pas d'avoir les plans de la fusée dans la tête, au fond d'un coffre inaccessible.

4e étage : les finalités, le premier élément de clarification

Les finalités clarifient la mission et les valeurs attendues de l'équipe et de chacun des membres de l'équipe. Elle répond à deux questions, au demeurant abruptes : « Pourquoi êtes-vous rémunérés ? » et « Qu'est-ce qui manquerait si vos missions n'étaient pas assumées ? ».

La mission est exprimée dans des termes globaux, universels et durables. Elle indique quelles sont les priorités et aide à choisir entre l'essentiel, l'important et l'urgent. Une finalité s'exprime en « fait pour » et non « fait de » et la clarification individuelle est d'autant plus aisée qu'elle s'inscrit dans une finalité collective.

3e étage : les domaines de contribution

Les domaines de contribution précisent les finalités en leur conférant un aspect plus opérationnel.

Quatre verbes suffisent pour définir les domaines de contribution :

- s'assurer de... ;
- assurer soi-même... ;
- contribuer à... ;
- participer à...

2e et 1er étages : activités et tâches

Ils découlent des 2 précédents étages en précisant, voire en prescrivant des actions spécifiques. Les collaborateurs n'ayant accès qu'à ces 2 étages n'ont pas assez d'éléments pour gérer leur temps et leurs priorités. Il s'agit le plus souvent de tâches d'exécution ou de consignes extrêmement précises dans des contextes de « haute sécurité » (centrales nucléaires, circulation des trains, contrôle aérien, produits biologiques sensibles...).

Les coefficients multiplicateurs

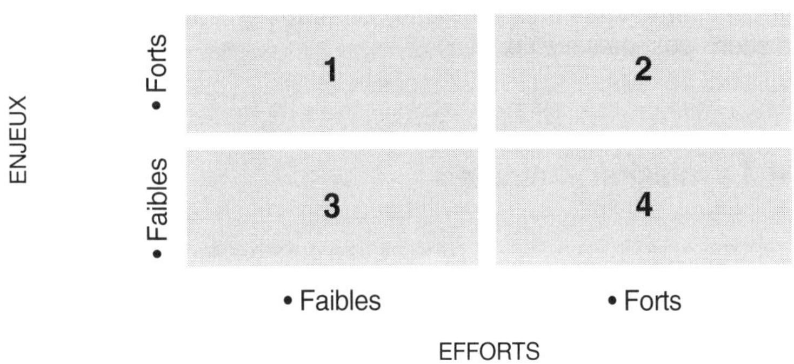

La matrice des « coefficients multiplicateurs » vise à optimiser le rapport efficience/efforts déployés et à trier les événements à traiter en fonction de l'importance des enjeux. Il s'agit d'une version actualisée au XXIe siècle de la loi de Pareto[1] : « Concentrez-vous sur l'essentiel. 20 % des actions produisent 80 % des résultats ! » Plus prosaïquement, l'intelligence est une forme de paresse. Attention, dans le sens inverse, la paresse n'est pas obligatoirement un gage d'intelligence. Le concept de « coefficient multiplicateur », issu de la physique, renvoie au levier sur lequel il faut appuyer avec un minimum de pression pour soulever la plus grande charge.

Comment penser avec cette matrice ?

Tout d'abord, il convient de trier les événements, les projets, les tâches et les sollicitations selon le critère de son enjeu. Un enjeu fort signifie que la tâche satisfait une priorité essentielle pour soi et/ou son entreprise. Un enjeu faible, qu'il soit réalisé ou pas, entraîne de très faibles conséquences sur l'efficience.

Puis intervient le diagnostic des efforts à fournir pour satisfaire tel ou tel enjeu.

Vous aurez compris en lisant ces lignes qu'il convient de commencer par le traitement des enjeux forts au moindre effort. Surviennent des circonstances où le traitement de l'enjeu requiert de nombreux efforts, par exemple une proposition commerciale à un million d'euros qui mobilise un ingénieur d'affaires tout le week-end, ou la prévention d'une catastrophe écologique.

Les enjeux faibles peuvent être traités le cas échéant après avoir consacré du temps à la réalisation des enjeux forts. D'où la chronologie d'actions 1, 2 puis 3 et enfin très rarement 4.

Lorsqu'en fin de journée ou de semaine, vous vous dites : « J'ai beaucoup travaillé pour pas grand-chose, je n'ai même pas entamé l'essentiel », vous êtes probablement dans la zone 4, beaucoup d'efforts pour presque rien !

La mission « minute »

Imaginez que vous n'ayez qu'une minute pour expliquer à l'un de vos interlocuteurs ce qui est essentiel pour réussir telle mission ou tel projet. Que lui diriez-vous ? Probablement l'essentiel.

---

1. Vilfredo Pareto (1848-1923), économiste et sociologue italien, connu pour sa théorie de la « circulation des élites » dans l'histoire.

Ci-dessous, pour vous accoutumer avec cette méthode, les points essentiels à traiter.

Points essentiels	Informations pertinentes
Visée du projet	
Critères de réussite	
Échéances	
Ressources utiles :	
– Acteurs	
– Sources d'information	
– Partenaires	
Facteurs de risques	
Si je n'avais qu'un conseil à donner	

Pour planifier et anticiper les événements

En matière de gestion du temps et des priorités, un objectif flou débouche, le plus souvent, sur une absurdité précise. Nous avons tout le long de ce livre rappelé que le management de son temps est plus efficient lorsque le rapport entre le temps choisi et le temps subi est favorable au premier.

Le contexte spécifique précis

Avant de se lancer « à corps perdu » dans une action ou un projet, il convient de se construire un contexte spécifique précis, image de la réussite d'un objectif.

Quels sont les critères de formulation efficiente d'un objectif ?

1er critère : l'objectif doit valoir la peine

Atteindre un objectif suppose d'y consacrer des efforts et de se confronter avec les objectifs des autres. En d'autres termes, la réalisation d'un objectif consomme de l'énergie. Il s'avère utile de se poser les questions suivantes :

– Est-ce que cela m'apportera vraiment le bénéfice que je recherche ?

– Est-ce que cela vaudra tous les efforts que cela suppose ?

– Cet objectif est-il vraiment le mien ?

Il est spécialement important de s'interroger sur : « Et si je ne faisais rien, que se passerait-il ? » Si la réponse est : « Pas grand-chose de dérangeant », vous êtes alors confronté à une fausse urgence ou à une action pas réellement justifiée.

Prenons des exemples de ce premier critère :

Un de vos collaborateurs, au demeurant très efficace, ne range pas son bureau le soir. Il s'y retrouve aisément dans ce qui serait pour vous un capharnaüm. Est-ce que cela vaut la peine de l'obliger à ranger ses affaires selon vos propres critères ?

Vous faites la queue devant un cinéma. L'écran de contrôle vous indique qu'il reste 350 places. Est-ce que cela vaut la peine de se battre avec deux resquilleurs qui s'infiltrent dans la queue en arborant un sourire ironique ?

Est-ce que cela vaut la peine de vouloir gravir le Mont-Blanc alors que de violents orages sont annoncés par la météo ? Même si c'était la dernière occasion avant l'année prochaine et que vous avez parcouru 600 kilomètres pour parvenir à Chamonix ?

2e critère : l'objectif est formulé en termes de « quelque chose à atteindre »

Nous induisons ainsi un état désiré et des actions à entreprendre. « Faire bien du premier coup » est un désir motivant et enthousiasmant alors que : « Ne plus avoir d'incidents qualité » est une tactique d'évitement qui rappelle inlassablement l'existence d'un problème.

Le choix d'une formulation positive induit un but à atteindre.

3e critère : l'objectif est précis

Un objectif n'a de sens que s'il se situe dans un certain contexte. Par exemple, l'objectif « avoir confiance en soi » est relatif à la situation dans laquelle il s'inscrit. La confiance en soi dans l'entreprise suppose des capacités à s'exprimer en public, à faire des demandes sans être gêné, à oser dire non. Dans le contexte de la haute montagne, la confiance en soi suppose des pas assurés, des gestes appropriés et une aisance face au vide.

Il existe des cas où un objectif n'a de sens que dans un contexte spécifique. Par exemple, « vouloir être élégant » s'applique dans la vie professionnelle et dans les occasions sociales; en revanche, cet objectif est peu propice à la randonnée en haute montagne.

L'objectif précis exige donc une représentation la plus fine possible de OÙ, QUOI, QUAND, QUI, AVEC QUI?

Les critères mesurables et observables sont certes utiles mais il convient de les associer avec des critères subjectifs tels que : « Quelles sont les émotions que je veux ressentir et que je veux faire ressentir aux autres? Qu'est-ce que je veux Voir, Entendre, Me dire à moi-même, Sentir... ? »

Ceci étant dit, comme nous le soulignerons dans la conclusion de ce chapitre, cette précision demande à être révisée au fur et à mesure du processus d'amélioration, en fonction des « feedbacks » et résultats partiels obtenus.

4e critère : l'objectif s'inscrit dans un but plus large, en adéquation avec des valeurs importantes

Au moment de définir son objectif, il est important de savoir ce que cela apportera.

Par exemple : « Je veux réussir à traiter l'incident qualité avec mon collègue », cela a pour but de satisfaire le client interne et, au-delà, de renforcer mes relations professionnelles.

L'objectif est de courir 10 km en une heure tous les dimanches matin. Cet objectif contribue à entretenir forme et sérénité.

5e critère : être le propriétaire de l'objectif

Certaines questions sont critiques pour définir si un objectif dépend vraiment de nous.

L'objectif dépend-il vraiment de moi et de mes actions?

Entre-t-il dans mon domaine d'attribution et de responsabilités?

Par exemple :

Un dirigeant est « propriétaire » d'un objectif de type : « Développer la subsidiarité dans les services dans les 6 mois à venir. »

Si le responsable d'une unité pense qu'il conviendrait de choisir de développer la subsidiarité et de déployer l'organisation en conséquence, l'objectif, approprié à son niveau de pouvoir, est :

« Convaincre le directeur général de choisir la subsidiarité comme discipline de valeur et de déployer l'organisation. »

S'il n'arrive pas à convaincre son DG, il devra se poser la question : « Maintenant que je sais que mon DG n'est pas convaincu, quel est mon objectif ? »

En d'autres termes, un objectif est d'autant plus facilement accessible qu'il s'inscrit dans les finalités et les domaines de contribution de la personne qui le définit et qu'il s'intègre dans les finalités et valeurs de son contexte.

6e critère : les conséquences de l'atteinte de l'objectif doivent être acceptables

Sommes-nous prêts à assumer les conséquences de l'objectif atteint ? Le résultat espéré ne créera-t-il pas plus d'inconvénients que la situation actuelle ?

Exemples :

Êtes-vous prêt à assumer que votre collègue soit fâché avec vous si vous lui dites franchement ce que vous pensez de l'un de ses comportements ?

Vous voulez mieux gérer votre temps ; êtes-vous prêt à rentrer plus tôt chez vous le soir et à participer aux tâches ménagères qui vous y attendent ?

Vous voulez être promu dirigeant ; êtes-vous prêt à changer de lieu de travail ? Êtes-vous prêt à incarner les valeurs de votre organisation devant vos ex-collègues ?

Vous voulez maigrir de 20 kg ; êtes-vous prêt à vous entendre dire par vos amis : « que t'arrive-t-il ? Es-tu malade ? » Ou bien : « Tu es moins drôle qu'avant. »

7e critère : définir le premier « petit » pas vers l'objectif

Puisque l'objectif risque d'évoluer au fur et à mesure de l'avancée des changements, il n'est pas nécessaire de dépenser un maximum d'énergie à préciser tous les détails de la situation finale recherchée. S'il est indispensable d'avoir clairement fixé la direction du changement et ses buts en termes de valeurs, il est important ensuite de définir les premiers petits pas qui partiront dans la bonne direction.

Cette avancée prudente a plusieurs avantages :

– elle évite d'effrayer en proposant un changement concrètement représentable qui demandera moins d'efforts d'adaptations qu'un bouleversement total des habitudes ;

– elle permet de mesurer rapidement d'éventuelles « résistances » au changement qui méritent d'être prises en compte afin qu'elles ne soient pas amplifiées;

– elle permet aussi de (se) féliciter à chaque étape intermédiaire réalisée, au lieu d'attendre l'aboutissement total du projet.

Le manager aura toujours intérêt à ne pas dévaloriser l'effort qu'il demande, même minime de son point de vue. Un « petit » pas n'est pas nécessairement facile ou agréable. Lorsque c'est un pas vers l'inconnu, il peut être au contraire vécu comme particulièrement périlleux. Trop souvent, sous prétexte de faciliter les choses, le changement demandé n'est présenté que sous l'angle de ses éventuels avantages et l'effort d'adaptation est minimisé, voire même parfois totalement ignoré.

On voit que le rôle du manager sera essentiellement de définir un objectif général et une étape précise, pas trop lointaine. Loin de devoir tout prévoir, tout contrôler, il/elle se devra d'accompagner un processus qui intègre au fur et à mesure des informations nouvelles et imprévues. Se mettant à la place des différents acteurs en présence, il/elle sera capable de tenir compte de leurs points de vue et donc, ainsi, de leur apporter les informations nécessaires pour le compléter et l'élargir. La motivation se trouve et se maintient en poursuivant un objectif commun, avec lequel tout le monde se sentira gagnant.

Vous trouverez page suivante un guide de questionnement pratique et utile pour s'engager dans un objectif ou une démarche de progrès.

La permutation dans le temps

La permutation dans le temps consiste à penser les finitions dès le départ, à vérifier si le projet vaut la peine d'être réalisé, et à agir dès maintenant, même pour une échéance lointaine.

Version : projet personnel

Visualiser un projet abouti, finitions terminées, à la date souhaitée. Par exemple, nous sommes aujourd'hui le 2 mai et je souhaite voir le projet terminé le 1er octobre de la même année.

Se poser la question : « J'imagine que je suis le 1er novembre. Le projet prévu est réalisé comme prévu depuis le 1er octobre. Quelles en sont les conséquences sur moi, mes proches, mes collègues, mon service, etc. ? » Il s'agit de vérifier à l'avance si le projet est bien utile

Guide de questionnement

1. Quel est mon objectif ?

. . . .

. . . .

2. Quels sont les critères qui me feront dire : « J'ai atteint mon objectif » ? Quand ?

Critères mesurables par d'autres que moi

. . . .

. . . .

Critères perceptibles par moi

. . . .

. . . .

Les émotions que je souhaite ressentir

. . . .

. . . .

3. Si j'avais tous les pouvoirs, tous les moyens, aucune contrainte, que ferai-je pour atteindre mon objectif ?

. . . .

. . . .

4. Mes freins et mes ressources

Qu'est-ce qui peut me freiner ?

Qui ne dépend pas de moi

. . . .

. . . .

Qui provient de moi tel que je me connais

. . . .

. . . .

Quelles sont mes ressources ?

Dans mon environnement

. . . .

. . . .

Mes qualités personnelles

. . . .

. . . .

5. J'imagine que j'ai atteint mon objectif. Quelles en sont les conséquences pour moi, mes collaborateurs, le service, l'entreprise, les clients, ma famille... ?

. . . .

. . . .

et que son aboutissement ne produit pas plus d'inconvénients que d'avantages.

Puis se poser la question : « Que dois-je avoir réalisé le 15 septembre pour être sûr d'atteindre mon objectif le 1er octobre ? » Répondre.

Même question pour le 1er août, puis le 15 juin, puis le 10 mai.

Dernière question : « Que dois-je avoir fait demain pour être sûr d'atteindre mon objectif le 1er octobre ? »

Version : projet collectif

Se poser les mêmes questions en remplaçant le « je » par le « nous ».

Version : manager à collaborateur

Vous êtes responsable de la plate-forme commerciale. Le chef de service du traitement des commandes vous demande : « Pour satisfaire encore mieux les clients, je voudrais que dans 6 mois, nous puissions communiquer l'état d'avancement de sa commande à tout client qui en exprimerait la demande. »

Une réponse classique consisterait à lui fournir un plan d'organisation et une démarche de planification. Ce plan est le vôtre et pas le sien.

Vous pouvez donc l'impliquer et développer sa propre ingéniosité en lui posant une série de questions ayant pour but de le faire voyager dans le temps afin qu'il bâtisse lui-même son propre planning.

- **Première question :** « Imaginez votre objectif atteint dans 6 mois, quelles en sont les conséquences pour vous, votre équipe et vos clients ? » (Laissez répondre)

Grâce à cette question, le chef de service visualise son objectif et évalue les conséquences de l'atteinte de l'objectif : ses bénéfices mais aussi ses contraintes nouvelles.

- **Deuxième question :** « Un mois avant l'atteinte de cet objectif, que devez-vous avoir mis en œuvre pour qu'il se réalise ? » (Laissez répondre)

- **Troisième question :** « Deux mois avant l'atteinte de l'objectif, que devez-vous avoir mis en œuvre pour qu'il se réalise ? » (Laissez répondre)

- **Quatrième question :** « Que devez-vous avoir mis en œuvre dans un mois pour atteindre l'objectif ? » (Laissez répondre)

- **Cinquième question :** « Que devez-vous faire demain pour atteindre cet objectif ? »

Variantes rapides

Il existe des variantes plus rapides à la permutation dans le temps. Par exemple, pour un collaborateur qui est toujours en retard dans son travail : « Si vous n'aviez qu'une heure pour faire ce travail, comment vous y prendriez-vous ? »

Autre variante pour ceux qui sont toujours pressés : « Si vous aviez un an pour faire ce travail, comment vous y prendriez-vous ? »

Vous trouverez ci-dessous un tableau de bonnes questions à se poser pour un projet à un an. Nous vous invitons à vous en servir individuellement ou collectivement pour un prochain projet.

Les questions à se poser pour un projet d'une durée d'un an

Ordre des questions	Réponses
1. Quel est votre objectif et quels en sont les critères de réussite **dans un an** ?	
2. Projetez-vous **6 mois après** l'atteinte de votre objectif. En valait-il la peine ? Quelles en sont les conséquences ?	
3. Que devez-vous avoir réalisé pour être sûr d'atteindre votre objectif **15 jours avant la date prévue** ?	
4. Que devez-vous avoir réalisé pour être sûr d'atteindre votre objectif **1 mois avant la date prévue** ?	
5. Que devez-vous avoir réalisé pour être sûr d'atteindre votre objectif **3 mois avant la date prévue** ?	
6. Que devez-vous avoir réalisé pour être sûr d'atteindre votre objectif **6 mois avant la date prévue** ?	
7. Que devez-vous avoir réalisé **dans 2 mois** pour être sûr d'atteindre votre objectif ?	
8. Que devez-vous avoir réalisé **dans 1 mois** pour être sûr d'atteindre votre objectif ?	
9. Que devez-vous avoir réalisé **dans 15 jours** pour être sûr d'atteindre votre objectif ?	
10. Que devez-vous avoir réalisé **dans 5 jours** pour être sûr d'atteindre votre objectif ?	

Cette méthode assure l'anticipation des finitions et détails pratiques. Elle permet aussi de prendre conscience qu'un changement lointain commence par des résultats immédiats.

Les états désirés

Cette démarche sera utile pour des équipes déjà aguerries aux 2 méthodes précédentes.

5 phases de réflexion

1. Imaginons ensemble notre projet réussi à la date voulue. Quels sont les critères de réussite ?

2. 6 mois après la réussite de notre projet, quelles en sont les conséquences probables ? Y a-t-il des effets indésirables ? Sommes-nous prêts à les assumer ?

3. Installons-nous dans notre réussite à la date voulue et pensons à ce que nous avons fait ensemble pour réussir ?

4. Quels sont les obstacles que nous avons rencontrés ? Qu'avons-nous fait pour les surmonter ?

5. Revenons à aujourd'hui. Quels sont les premiers pas que nous allons mettre en œuvre pour réussir notre projet ?

Les rendez-vous avec soi-même

Prenez votre agenda papier ou électronique et observez les plages programmées du mois à venir. Que constatez-vous ?

Si vous n'avez programmé que les entretiens ou les réunions avec des interlocuteurs, vous risquez d'être très vite débordé. En effet, le temps programmé chasse celui qui ne l'est pas.

Vous avez omis de programmer les rendez-vous avec vous-même : préparation d'une réunion, élaboration du budget, moment de réflexion personnelle... Votre agenda est alors libre et vous prenez rendez-vous sur rendez-vous avec les autres, quitte à réaliser des travaux de fond en soirée ou pendant les week-ends.

Sur les agendas électroniques en réseau, existe une fonctionnalité automatique : « définir une réunion ». Le temps non programmé est considéré comme libre et l'organisateur de la réunion pense que vous êtes disponible. C'est pourquoi il convient d'y inscrire les rendez-vous avec soi-même ainsi que les temps de déplacement.

Pour optimiser les temps relationnels

Les paquets de 90 minutes

Sauf pour des activités à très haute concentration et pour des personnes douées d'une résistance à la fatigue hors du commun, les adultes instruits sont efficients par cycles de 90 minutes. Chaque cycle comprend le plus souvent l'échauffement, les orientations de pensée, l'analyse et l'organisation des données, la recherche de solutions, des plans d'actions alternatifs, une décision éventuelle, une synthèse et une stratégie de communication.

> *La méthode des paquets de 90 minutes consiste à planifier les activités à « haut rendement » sur des cycles de 90 minutes. Par exemple, la préparation d'une réunion ou d'un séminaire, l'analyse d'indicateurs financiers ou qualité, la préparation du budget, la résolution d'un problème technique ou relationnel, etc.*

Cette méthode est applicable pour des événements tels que réunions, congrès, comité de direction, où il convient de faire des pauses toutes les 90 minutes et si possible de choisir un sujet différent par paquet de 90 minutes.

Les entretiens d'affaires courantes

L'accomplissement collectif d'un projet est semé d'embûches imprévisibles, malgré tous les efforts d'anticipation et d'organisation.

Les entretiens d'affaires courantes consistent à intégrer cette part d'imprévisibilité dès le départ.

Par exemple, si nous sommes 15 sur le même projet sur une durée de 9 mois, il est judicieux de planifier des plages de temps sans ordre du jour, ni programme **a priori**. *Quitte à décider en commun que telle réunion est inutile au moment donné.*

L'oubli de cette programmation collective peut se révéler dramatique lors d'un événement imprévu ou catastrophique. Lorsque chacun est pris dans le « feu de l'action » et qu'il faut impérativement se réunir pour traiter un problème intempestif, une plage commune est très difficile à trouver. Les soirées, les week-ends sont alors compromis. Sans oublier le temps de l'assistant qui cherche à faire coïncider tous les emplois du temps respectifs. Cette méthode est une variante collective des « rendez-vous avec soi-même » décrite plus haut.

Par essence, personne ne sait à l'avance la nature d'un imprévu lors d'un projet. En revanche, nous avons la certitude que des imprévus surviendront.

L'espace « solution »

Face à un problème, et en particulier un retard sur un projet, la tendance « naturelle » de chacun est de raisonner dans un espace « problème ». Les questions qui entretiennent, voire enveniment le problème sont le plus souvent :

– Qu'est-ce qui ne va pas ?

– Pourquoi avons-nous ce problème ?

– À qui la faute ?

Et les coupables potentiels s'amoncellent : un tel, nous, les autres, la direction, le système, la malchance…

Pire encore, des questions ou des affirmations empilent des stress, des regrets et des confrontations mortifères au sein du groupe :

– nous aurions dû faire comme cela ;

– si vous m'aviez écouté ;

– je le savais, mais ne voulais pas vous contrarier ;

– les choses, ou pire, les gens ne sont pas comme ils devraient être…

Autant les recherches des causes lors de problèmes techniques sont sources d'idées pour les résoudre, autant la recherche des causes dans les problèmes humains et sociaux s'apparente à « la marmite qui bout » ou le « couteau dans la plaie ». En particulier lorsque la recherche des causes s'effectue « à chaud », au moment où plane un sentiment de panique. Toute allusion au passé génère de la culpabilité, des regrets, de la frustration, nuisibles à l'implication de tous à la recherche de solutions. Chacun se défend plutôt que de mobiliser son énergie sur l'avenir. L'espace problème renforce le problème.

L'ouverture de l'espace solutions consiste, surtout lors d'événements intenses à forte charge émotionnelle, à orienter le groupe vers la construction d'un futur.

Par exemple, les questions propices sont de type :

– Maintenant que nous savons que nous avons du retard, qu'allons-nous faire ensemble pour le combler ou le minimiser ?

– Si nous avions tous les pouvoirs, tous les moyens, que ferions-nous ?

– De quelles ressources disposons-nous pour trouver une solution ?

– Quel pourrait être un plan « b » acceptable ?

Ces questions, manifestement orientées sur le futur, focalisent les esprits sur la recherche de solutions.

Cet état d'esprit, proche de la résilience, est adopté par les joueurs d'échecs. Chaque coup est chronométré, ajoutant une pression temporelle à la compétition. Lorsque l'un des deux joueurs déplace une pièce, il ouvre et limite des opportunités. Si l'autre répond par un coup fatal, le premier joueur est assuré de perdre s'il entre dans l'espace problème : « Je n'aurais pas dû jouer comme cela l'avant-dernier coup. » Les champions passent immédiatement dans l'espace solution : « Maintenant que l'autre a joué comme cela, comment vais-je jouer le prochain coup dans le cadre de ma stratégie globale ? »

L'ingénierie concourante humanisée

L'ingénierie concourante est une pratique usitée lors du lancement de grands projets complexes ou comprenant un nombre important d'acteurs.

Au démarrage d'un projet, l'équipe dispose de beaucoup de moyens, mais de peu de connaissances. En fin de projet, la connaissance s'est accrue avec l'expérience et les revues de projets, mais les ressources étant dépensées, les marges de manœuvre sont limitées. L'ingénierie concourante consiste à réunir dès le départ pour informer de la chronologie du projet et des contributions futures. Tout ceci afin que chacun puisse anticiper et programmer sa participation. Cette méthode limite les aléas des finitions méthodologiques et techniques.

Ceci étant dit, cette démarche n'intègre pas l'incertitude et la complexité humaines. Un projet est une histoire commune suscitant des émotions fortes, des conflits de pouvoir, des incompatibilités d'humeur, des moments de stupeur…

Pour prévenir ces phénomènes, nous vous conseillons d'ajouter une dimension humaine à l'ingénierie concourante. Il s'agit de partager entre personnes les qualités, les travers et les limites de chacun.

Par exemple, tel acteur peut informer ses partenaires qu'il a tendance à s'emporter lors d'un retard, un autre annoncer qu'il n'aime pas avoir la sensation d'être humilié ou trahi, un autre encore avouer qu'il a tendance à se soumettre par commodité sans être vraiment d'accord avec une décision…

Chacun connaissant ces données psychologiques peut ainsi devancer des griefs et des conflits dommageables à la réalisation du projet.

Prévenir les situations tendues

Au moins 3 informations s'avèrent capitales pour prévenir les situations tendues.

• **La différence**, si elle existe entre personne et personnage. Par exemple, chacun annonce aux autres : « Il m'arrive parfois de faire semblant de… alors qu'au fond de moi, je pense… »

• **Les peurs.** Les énervements, les impatiences, les courroux et les ressentiments trouvent leurs sources dans des peurs hors de la conscience claire et raisonnée de leurs auteurs. Les 5 peurs les plus couramment ressenties lors de projets longs et complexes sont :

- peur d'être ignoré ;
- peur d'être humilié ;
- peur d'être abandonné ;
- peur d'être trahi ;
- peur de l'injustice.

• **Les progrès relationnels que nous pourrions réaliser.** À cette fin, il convient de dire à chacun de ses partenaires sur le projet les progrès attendus. Le protocole de cette phase délicate se déroule comme suit :

- au regard d'une liste des acteurs projet, chacun complète cette phrase : « Les choses iraient mieux entre nous si jamais tu… » ;
- puis, l'on rencontre un par un les différents partenaires. Chacun annonce son souhait à l'autre. Le récepteur, loin de débattre ou de se défendre, dit à son tour : « Merci de me dire cela. »

Pourquoi, en effet, réserver du temps d'anticipation exclusivement sur les aspects techniques, économiques et organisationnels d'un projet en laissant les émotions au vestiaire ?

Pour gérer son stress

Le chercheur canadien Hans Selye[2] définit le stress ainsi : « Réponse unique et physiologique de l'organisme en vue de s'adapter à toute demande ou sollicitation de l'environnement. » Deux éléments sont indissociables : une stimulation et une réponse de l'organisme à cette stimulation.

---

2. *Grand dictionnaire de la psychologie*, rubrique « Stress », Larousse, 2002.

Le stress est donc un phénomène physiologique normal et inévitable qui montre tout simplement que nous sommes vivant.

En fait, nous faisons tous de la gestion de stress sans le savoir. Gérer le stress consiste à utiliser le plus efficacement possible les pressions qui s'exercent sur nous. Cela demande une acquisition de connaissances, de techniques et l'adoption de comportements adaptés. Il s'agit de repérer ses signaux de stress et de déclencher une réaction volontaire de détente par une action sur le corps, les pensées et le comportement.

Il existe deux grands registres d'amélioration possible : la prévention et l'action par les techniques pour faire face en situation de stress.

Mais les bonnes intentions ne suffisent pas. L'apprentissage de la gestion du stress demande une démarche systématique et rigoureuse. Il faut se concentrer sur les causes réelles du stress pour y apporter des solutions efficaces.

Méthode anti-stress

Techniques	Objectifs
Agir en préventif	
Repérer ses facteurs de stress et ses signaux d'alarme.	Identifier les causes et les symptômes.
Repérer ses modérateurs de stress.	Accroître la résistance au stress.
Relaxation	Apprendre à récupérer pour un meilleur contrôle émotionnel.
Gérer son temps.	Apprendre à prioriser, arbitrer et planifier.
Agir en offensif	
Vigilance sur les pensées.	Relativiser et prendre du recul pour une appréciation lucide de son environnement.
Vigilance sur son comportement.	Modifier ses comportements symptômes ou causes de stress.
Gérer la relation.	S'affirmer et diminuer les comportements agressifs, gérer les situations de conflits.

Identifier les signaux d'alarme du stress

Les signes annonciateurs sont à identifier avant qu'il ne soit trop tard et que la maladie ou l'épuisement s'installe.

Signes avant-coureurs du stress

Symptômes physiques	Symptômes émotionnels	Symptômes psychologiques	Symptômes comportementaux
Migraines de plus en plus fréquentes et intenses	Irritabilité, mauvaise humeur	Manque de concentration dû à un trop grand nombre de soucis	Troubles du sommeil : insomnie ou besoin accru de sommeil
Tension musculaire, généralement au niveau de la nuque, des épaules et du dos	État dépressif, morosité due à une vision déformée des choses	Indécision, même pour des choses sans importance	Consommation accrue d'alcool ou de tabac dans le but de trouver un soulagement à court terme

Les sources de stress sont variables selon les personnes, cependant on peut distinguer 5 grandes familles :

– les événements de la vie (mariage, naissance, deuil, licenciement…) ;

– les autres (leur stress, leurs sollicitations…) ;

– soi (auto-dévalorisation, pas de priorités de vie, conflit de valeurs, messages contraignants…) ;

– le temps (les urgences, les temps de déplacements, les retards, les imprévus…) ;

– la relation entre soi et l'intérieur (soi, le temps, l'estime de soi) et l'extérieur : les événements, les autres.

Ces points ont déjà été évoqués dans les chapitres précédents : améliorer la qualité de sa vie et revenir à l'essentiel permet de trouver un équilibre.

Il s'agit de lister les facteurs de stress les plus importants de sa vie quotidienne par écrit, de hiérarchiser ce qui est fondamentalement important pour soi, ses priorités de vie.

Des facteurs de stress importants peuvent alors être supportés s'ils sont associés à une aspiration essentielle. Les autres doivent être supprimés ou atténués.

■ Se distancier : une étape cruciale de la gestion du stress

Posez-vous la question qui aide à se positionner par rapport à une situation : les choses pour lesquelles je me « stresse » en valent-elles vraiment la peine ?

L'objectif est d'éviter les facteurs de stress inutiles qui peuvent être toutes les contraintes imposées ou imaginées par soi-même qui pèsent et qui ne sont pas indispensables.

Ne pas savoir dire « non » conduit au « surbooking ».

Surveiller son hygiène de vie, renforcer son réseau d'amis et accorder une place quotidienne au plaisir, à la détente et au rire.

Pratiquer un sport régulièrement, avoir un sommeil régulier, être attentif à son régime alimentaire et surveiller la consommation d'alcool, de café, de tabac rend l'organisme plus résistant.

Le réseau relationnel est constitué d'amis, ceux auxquels on peut se confier sans réticence dans une relation de confiance. Ils constituent un atout majeur pour améliorer sa résistance au stress. Or dans les vies professionnelles chargées, les amis peuvent passer au second plan, après la famille et, ainsi, ils risquent de disparaître petit à petit de notre vie.

> *Le plaisir, la détente, l'humour et le rire : on ne se fait pas assez plaisir disent les chercheurs. Les gens « stressés » ont tendance à culpabiliser s'ils prennent du plaisir. Il est indispensable de prendre tous les jours des moments pour se faire plaisir. Or le rire et l'humour sont les meilleurs moyens de prendre du recul.*

Tout le problème est que l'on a souvent l'impression que c'est le stress lui-même qui empêche d'appliquer ces principes… Le mieux est d'avancer étape par étape avec des objectifs modestes.

■ Se relaxer pour gérer ses émotions, levier de l'action

Apprendre à ralentir est un bon début pour aller vers une véritable relaxation. Puis, savoir se relaxer en situation permet de dépenser seulement l'énergie utile pour l'action, diminue la fatigue et améliore l'efficacité.

La relaxation est un phénomène naturel qui permet de mieux récupérer et de consommer le moins d'énergie possible. Elle consiste en deux états qui ne coexistent pas naturellement : la détente musculaire et une sensation d'apaisement psychologique, tout en maintenant l'esprit en éveil.

Cet état d'apaisement, nommé « réponse de relaxation », peut être défini comme l'opposé de « la réaction de stress » ou « réaction de défense ». Elle permet d'améliorer le contrôle émotionnel et évite que s'accumulent des tensions musculaires importantes qui accentuent l'impression de fatigue.

Les paramètres observés sont inverses de ceux de la réaction de stress : diminution de la fréquence cardiaque et respiratoire, tonus musculaire diminué, réchauffement des extrémités, baisse de la tension artérielle, baisse du taux d'adrénaline et noradrénaline, diminution de l'activité du système limbique (partie du cerveau impliquée dans les émotions et les réactions de préservation de l'organisme).

Tous ces phénomènes sont également observés lors du sommeil, mais, dans l'état de relaxation, l'individu reste éveillé et peut à tout moment interrompre volontairement cet état de détente.

La relaxation est volontaire et doit être décidée par l'individu, alors que la réaction de stress est spontanée et involontaire. Elle doit être apprise, excepté dans des états naturels de rêverie ou de repos immobile sans activité, alors que la réaction de stress est innée.

La relaxation est un des moyens qui permet de contrôler les réactions physiologiques du stress négatif ou excessif. Tout le monde peut se relaxer, dans le sens où tout le monde dispose des capacités physiologiques pour le faire. Si on ne se relaxe pas ou plus assez, c'est tout simplement que l'habitude a été prise d'être tendu.

Il existe de très nombreuses méthodes de relaxation :

– la **relaxation musculaire** progressive de Jacobson permet de percevoir de plus en plus finement les contractions musculaires que l'on maintient sans s'en rendre compte et d'apprendre à relâcher ces tensions musculaires, exercice de contraction-relâchement;

– le **training autogène de Schultz** induit une relaxation profonde par la suggestion ou l'autosuggestion de sensations correspondant à l'état de détente;

– le **biofeedback** apprend à contrôler volontairement certaines fonctions du corps qui interviennent dans le stress comme la tension musculaire, la température de la peau, le rythme cardiaque;

– la **sophrologie** s'inspire de techniques orientales agissant à la fois par des exercices physiques et respiratoires par des suggestions. Elle utilise beaucoup la visualisation.

Toutes ces méthodes présentent de nombreux points communs avec le yoga, la gymnastique douce, le Taï-chi-chuan. Citons également l'hypnose, le massage et les techniques manuelles de détente.

Dans toutes ces techniques, les constantes sont les suivantes :

– **développer la capacité à réguler la respiration**. Un rythme respiratoire lent et régulier contribue à remettre à niveau les constantes physiologiques. C'est une fonction sur laquelle nous pouvons agir volontairement ;

– **développer la capacité à diminuer les tensions musculaires.** Nous pouvons aussi le faire volontairement, cela contribue à mettre au repos tout l'organisme. La détente musculaire réduit le besoin en oxygène, ce qui permet une régulation de la respiration ;

– **développer la capacité de perception sensorielle**. Sous stress fort, les perceptions sensorielles se réduisent à quelques signaux prioritaires pour faire face à la situation. Dans le but de se relaxer, il est possible d'être présent aux signaux « calmants » ou bien d'élargir ses perceptions : les 5 sens sont alors « à l'écoute ». Il s'agit de faire taire notre « radio mentale » pour nous permettre de mieux écouter nos perceptions. Pour cela, il est nécessaire de s'arrêter pour observer, écouter, car il y a ni observation ni écoute sans arrêt ;

– **développer la capacité à ralentir la pensée**. La radio mentale consomme énormément d'énergie. Maintenir son attention sur un objet unique et agréable (une image, une sensation interne, une perception externe...) ralentit considérablement la pensée et autorise le repos de l'esprit : la radio mentale baisse le son et il est alors possible d'écouter sa respiration, ses tensions musculaires, ses perceptions sensorielles.

Ce dernier point est particulièrement important car l'homme est devenu un animal de plus en plus pensant et la nature des efforts s'est déplacée du domaine physique au domaine psychique.

Le cerveau est de plus en plus sollicité, en particulier pour recueillir, traiter, produire, communiquer l'information. Il doit s'adapter tant bien que mal à un environnement de plus en plus complexe et rapide.

Le besoin de se relaxer n'est pas que physique, il est aussi mental. Il y a un lien puissant entre le physique et le psychique. L'action sur l'un a un effet sur l'autre.

Les images produites dans notre cerveau se répercutent instantanément dans nos muscles et nos organes, provoquant tensions musculaires excessives et perturbations de nos rythmes biologiques ou... détente et retour à un équilibre respectueux de nos rythmes.

Pour avoir les idées claires et précises, le cerveau a lui aussi besoin de récupérer et d'éliminer les informations inutiles.

Toutes les méthodes de relaxation peuvent s'utiliser de deux manières différentes pour la gestion du stress :

– **en relaxation récupération** : au terme d'une journée stressante, on recommandera de suivre une méthode pour arriver à un état de relaxation profond. Mais il n'est pas toujours facile de disposer du temps et de la tranquillité nécessaires. Par ailleurs, elle ne permet de gérer le stress qu'après coup, elle ne protège donc pas des assauts de stress subis dans la journée ;

– **en relaxation minute** : elle peut s'utiliser presque en toutes circonstances, au bureau, dans les transports, dès qu'on dispose d'un fauteuil et d'une tranquillité relative. Le but est de ramener son stress à un niveau modéré.

Pour résumer, dans le domaine de la relaxation, la technique compte moins que la pratique. Ce qui est essentiel, c'est un entraînement quotidien, voire pluriquotidien.

Les approches comportementales et cognitives

Le comportement d'une personne « stressée » peut être un des symptômes de son stress (parler plus fort, donner des signes d'énervement) mais un comportement peut aussi être la cause de son stress (ne pas dire son point de vue, se mettre en colère, se surcharger).

Ces 4 points d'action sont possibles :

1. Modifier ses comportements symptômes ou causes de stress :

– en se centrant sur l'émotion : parler plus posément, faire une pause ;

– en se centrant sur le problème : expliquer fermement la situation au « stresseur » pour supprimer la cause de stress ;

– en mixant les deux positions : parler à son collègue pour gérer le problème et l'émotion à la fois.

2. Adopter des comportements antagonistes de la réaction de stress : ralentir, s'octroyer un petit plaisir, sortir de la situation stressante, sourire.

3. Pratiquer l'affirmation de soi, outil fondamental de la gestion du stress puisqu'une grande partie de nos « stresseurs » provient de nos relations avec les autres.

Il s'agit de mieux communiquer avec autrui en adoptant un comportement affirmé qui est un juste milieu entre le comportement passif et agressif : exprimer clairement ses positions, chercher à préserver à la fois ses besoins et la relation. Ce comportement est souvent apprécié et respecté par son interlocuteur.

S'affirmer est une stratégie centrée sur le problème : en sachant mieux demander, refuser, critiquer de manière non agressive, vous avez plus de chances d'obtenir des autres un environnement moins stressant.

S'affirmer est une stratégie centrée sur l'émotion : en effet, s'affirmer procure en général une sensation de bien-être qui diminue l'anxiété ou la colère liée à une situation stressante.

4. Savoir gérer son temps fait bien entendu également partie de l'approche comportementale.

Les approches cognitives concernent les représentations mentales conscientes, tels les images, discours intérieurs, jugements, anticipation.

En s'efforçant de penser différemment, un individu stressé peut contrôler sa réaction de stress en ne se disant pas « sois parfait » ou « tu n'es pas à la hauteur » (deux manières de se stresser inutilement). Il peut contrôler la situation stressante en recherchant des solutions ou de l'information.

Nos réactions de stress excessives sont provoquées par des erreurs d'interprétation qui nous donnent une vision erronée de la réalité comme tirer des conclusions sans preuve, se concentrer sur un défaut au détriment de l'ensemble, tirer une conclusion générale d'une situation particulière, surévaluer le négatif et sous-évaluer le positif, se sentir responsable des événements défavorables.

Ces distorsions aboutissent à des pensées automatiques qui alimentent des « petites voix intérieures ». Il s'agit de se poser les bonnes questions. Nos croyances sont alors mises à jour.

Il est nécessaire d'en prendre conscience, de les rendre moins impératives et d'accepter de ne pas atteindre un idéal.

> *Le stress induit un état émotionnel dont il faut sortir. L'objectif est bien de contrôler ses pensées et les signes physiques.*

En synthèse : 3 étapes

Identifier les situations de stress

Pendant quelques semaines, observez votre fonctionnement par rapport au stress. Remplissez les différentes colonnes :

Situation	Pensées négatives	Signes physiques	Émotions	Comportement

Pensées négatives = pensées irrationnelles ou automatiques.

Ces situations peuvent être hiérarchisées de la plus simple à la plus stressante.

Rationaliser ses pensées

Pour apprendre à restructurer ses pensées, 3 phases possibles :

- identifier les pensées irrationnelles = autoévaluation ;
- analyser ces pensées = correspondent-elles à la réalité ?
- transformer = passer de la pensée irrationnelle à la réalité.

Il s'agit de les examiner pour voir si elles correspondent à la réalité ou si l'émotion les a rendues irrationnelles.

Décrivez ce qui est observé.

Pensées négatives	Réalité	Pensées positives

Pour « recoller » à la réalité, posez-vous les questions pertinentes :

1. Quelles sont les preuves en faveur de ce que je pense ?
2. N'y a-t-il pas d'autres manières d'expliquer les faits ?
3. Si ce que je pense est vrai, quel est le risque ?
4. Est-ce grave ?

Se relaxer…

Maintenant que vous voyez les choses différemment, il s'agit de trouver les solutions qui vous conviennent, de les mettre en action et d'agir autrement. Place à la créativité !

La relaxation est une des solutions possibles les plus équilibrantes.

En conclusion, gérer son stress, c'est avant tout répondre à ses besoins pour gérer ses émotions et, par conséquent, ses comportements. Besoins de reconnaissance et d'identité, de structure et de sécurité, de sens et de cohérence.

Gérer sa relation aux autres et être soi-même en sachant dire non dans une affirmation de soi saine et constructive, donner du sens à ce que l'on fait et ce que l'on est aide à se positionner. Être clair sur ses valeurs, équilibrer ses différents rôles et choisir sa vie permet de maintenir l'équilibre. Accepter le processus de changement permet de ne pas être ballotté par lui et de s'y adapter en toute conscience et donc en étant acteur.

Aller au-delà des recettes

Pour faire face aux événements imprévus et à l'incertitude humaine, de nombreux managers nous demandent des recettes et des outils miraculeux. Il est vrai que les managers et chefs de projets sont tellement submergés d'informations et d'événements qu'il leur devient difficile de conserver une vision globale de toutes les dimensions à prendre en compte. Ils tentent de se sécuriser avec des méthodes « automatiques ». Mais l'entreprise d'aujourd'hui, ouverte sur le monde, réactive, mouvante, multiculturelle complique les jeux d'influence entre les acteurs, les clients externes et internes, les partenaires et les concurrents.

Si nous répondons à la demande de recettes, certes nous sécurisons et satisfaisons les utilisateurs de nos interventions, mais nous ne leur apportons pas l'intelligence des situations.

Au-delà des recettes, notre devoir est d'apporter d'autres manières de « penser le monde » et d'apporter d'autres logiques que celles qui sont répétées en vain pour résoudre des problèmes complexes.

Tout en apportant des méthodes éprouvées, notre approche durable est de susciter le « savoir penser » chez nos lecteurs et clients. C'est ce que nous appelons des « recettes intelligentes ».

6
LES STYLES DE TEMPS

Ai-je tendance à privilégier les processus et l'organisation ? Les relations avec les autres ? L'avenir ? Le présent immédiat ?

Quels sont les attitudes et comportements que j'ai intérêt à développer pour me sentir plus efficient dans la gestion de mon temps ?

Ai-je des travers qui peuvent me « jouer des tours » ?

Pour en savoir plus, faites cet autodiagnostic.

✔ Autodiagnostic des styles de temps

Ce test comprend 60 attitudes et comportements liés au temps.

À chaque affirmation, vous mettez une croix dans :

– **Tout à fait moi** : si vous adoptez toujours ou très souvent cette attitude.

– **Me ressemble** : si vous adoptez souvent cette attitude.

– **Légère tendance** : s'il vous arrive parfois d'adopter cette attitude.

– **Pas du tout** : si vous n'adoptez jamais cette attitude.

Chaque attitude n'est ni bonne ni mauvaise en soi. Vous pouvez donc effectuer ce test en toute vérité. Les styles de temps que vous découvrirez sur vous comportent des qualités et des tendances inefficaces.

Lisez ensuite ce chapitre et dépouillez seulement après vos résultats en fin de chapitre pour les apprécier pleinement.

N°	Libellé	Tout à fait moi	Me ressemble	Légère tendance	Pas du tout
1	Ce sont les finalités de ma fonction qui déterminent les actions que j'entreprends.				
2	L'action doit l'emporter sur la réflexion. À force de réfléchir et d'hésiter, on ne traite pas les événements.				
3	Lorsque quelqu'un me dit : « C'est urgent ! », j'ai tendance à réagir immédiatement.				
4	Le vocabulaire du management évolue selon les époques et est traversé par les modes. Ceci étant dit, les principes fondamentaux n'ont que peu évolué depuis l'Antiquité et resteront efficients encore longtemps.				
5	Je reste disponible et ouvert aux autres. On dit de moi que je rends ainsi de nombreux services.				
6	Dans les situations de changement, je pense qu'il faut agir rapidement lorsque ces changements sont perçus comme désagréables et plus lentement s'ils sont agréables.				
7	Je me fais préciser au moins une fois par an quelles sont les contributions attendues qui génèrent de la valeur ajoutée.				
8	J'ai besoin de pression pour me motiver à agir. Le stress me stimule.				
9	Je note sur mon agenda exclusivement les rendez-vous et entretiens avec mes différents interlocuteurs.				
10	Quand quelqu'un me dit : « C'est urgent ! », j'ai tendance à lui demander : « C'est pour quand ? »				

N°	Libellé	Tout à fait moi	Me ressemble	Légère tendance	Pas du tout
11	Je sais que les cycles économiques aujourd'hui sont plus rapides que les cycles humains. L'une de mes préoccupations est de traiter au mieux cette contradiction.				
12	Lorsque mon supérieur hiérarchique ou un client me demande de venir le voir, j'y vais toutes affaires cessantes.				
13	J'ai fait savoir à mon entourage professionnel qu'il peut compter sur moi en cas de problème.				
14	Les échéances à trop long terme ne m'inspirent pas. J'ai besoin de délais courts.				
15	Je pense que « décider, c'est faire un choix irréversible et risqué entre plusieurs options possibles ». C'est pourquoi je me garde du temps de réflexion avant de décider.				
16	J'aime bien imaginer quelles seront les évolutions de mon métier dans les 5 prochaines années.				
17	Je me suis organisé pour que mes priorités professionnelles, les priorités de ma fonction et mes priorités personnelles soient en adéquation.				
18	Mes journées de travail ont tendance à s'allonger. Je ne peux être seul que tôt le matin ou tard le soir pour effectuer mes tâches de fond.				
19	J'emporte avec moi un téléphone mobile ou un « bip » pour être joint à tout moment.				
20	Lorsque je présente une idée ou un projet aux personnes concernées, j'ai déjà en tête l'idée suivante.				

N°	Libellé	Tout à fait moi	Me ressemble	Légère tendance	Pas du tout
21	Je sais répondre « non » à une demande sans pour autant rompre avec mon interlocuteur.				
22	Ma messagerie électronique est branchée en continu pour que je puisse répondre immédiatement aux messages que l'on m'envoie.				
23	Je suis très réactif et je règle les problèmes immédiatement dès qu'ils surgissent.				
24	J'ai mis en place des indicateurs très précis qui me permettent d'organiser des actions correctives à la moindre dérive.				
25	Lors des « grands virages de ma vie », je fais le point sur mes priorités et j'en modifie la hiérarchie si je le juge utile.				
26	Je note sur mon agenda les entretiens et rendez-vous avec mes différents interlocuteurs et aussi les rendez-vous avec moi-même : préparation de dossier, moments de réflexion, budget…				
27	Les pressions des clients et des concurrents sont telles aujourd'hui qu'il convient d'être réactif.				
28	Je contractualise dès le début la durée d'une réunion ou d'un entretien ; et cela, même avec un client ou un supérieur hiérarchique.				
29	Je réserve à l'avance des plages de temps pour traiter les éventuels imprévus. Si les choses se passent comme prévu je consacre ce temps à des phases de réflexion sur ce qui pourrait être amélioré dans mon unité ou mon travail.				

N°	Libellé	Tout à fait moi	Me ressemble	Légère tendance	Pas du tout
30	J'ai réussi à décaler mes horaires et mes temps de présence par rapport à la majorité de mes collègues.				
31	Mon emploi du temps est connu de tout mon entourage professionnel.				
32	Plus on a de responsabilités et plus on doit se montrer actif.				
33	Chaque journée de travail est hachée par de nombreuses tâches imprévues. J'ai l'impression de passer « du coq à l'âne » ou de « zapper » continuellement.				
34	La chronologie des événements s'impose ; on ne peut rien y faire, il faut savoir s'adapter en permanence.				
35	Je pense que lorsque tout est urgent, il n'y a plus d'urgences et lorsque tout est prioritaire, il n'y a plus de priorités.				
36	J'ai la conviction que gérer son temps, c'est gérer sa vie. Je gère mon temps en pensant à mon conjoint, mes enfants, ma santé et mes plaisirs.				
37	Je prends mes vacances et mes week-ends prolongés comme je les avais prévus et j'annule très rarement les sorties telles que le cinéma, le théâtre, les concerts et les dîners entre amis.				
38	Ma vie professionnelle est si intense et si stimulante que je ne compte pas mon temps.				
39	Mon système de classement est connu de tous mes interlocuteurs habituels ; sauf bien sûr les données confidentielles.				

N°	Libellé	Tout à fait moi	Me ressemble	Légère tendance	Pas du tout
40	Mon entourage professionnel sait de moi que, lorsque j'annonce un délai, je dis la vérité. Je n'ai pas envie de perdre du temps dans des marchandages perpétuels.				
41	Il est normal qu'un responsable arrive avant ses collaborateurs et parte après eux.				
42	En cas de désaccord et de conflit, je préfère dire la vérité tout de suite, même si cela est difficile à entendre.				
43	L'avenir est tellement incertain qu'il est préférable de se centrer sur le traitement des problèmes présents : « Demain sera un autre jour. »				
44	Comme le dit la chanson, je pense que « le temps perdu ne se rattrape guère, le temps perdu ne se rattrape plus ».				
45	Il est bien connu que les mêmes causes produisent les mêmes effets.				
46	L'une des missions principales des responsables d'encadrement est de faire adhérer rapidement les collaborateurs aux changements.				
47	En cas d'erreur, je cherche immédiatement ses causes afin qu'elle ne se reproduise plus.				
48	Je suis réservé quant aux appels à l'adhésion de tous aux décisions dites urgentes ou importantes. En effet, plus quelqu'un adhère à un moment donné à une décision, moins il peut s'adapter à un changement ultérieur.				

N°	Libellé	Tout à fait moi	Me ressemble	Légère tendance	Pas du tout
49	Dans les situations tendues, j'insiste sur le maintien de la coopération future même si, sur le moment, je sais tenir des propos qui peuvent paraître désagréables.				
50	Je me sers du même agenda pour ma vie professionnelle et ma vie privée.				
51	Il m'arrive de songer au moment où je cesserai de travailler et je m'y prépare de manière à arriver en « bon état » à l'âge de la retraite.				
52	Je transforme les contraintes en données et j'organise mon travail et celui des autres en conséquence.				
53	Je ne perds pas mon temps à « faire des plans sur la comète » sur l'avenir. Les entreprises évoluent tellement vite que les stratégies et les plans sont mis à l'épreuve des faits.				
54	Dans les situations tendues, j'emploie souvent des termes tels que : « il aurait fallu », « nous aurions dû », « pourquoi avons-nous fait comme cela? »... pour provoquer des explications et ainsi gagner du temps à la recherche de solutions.				
55	Avant de commencer un entretien ou une réunion, je me focalise sur les résultats attendus. De même, lorsque je rédige un rapport ou un compte rendu, je me focalise sur la conclusion.				
56	Je pense que, malgré mon utilité reconnue par tous aujourd'hui, mon entourage professionnel et mon entreprise se débrouilleront sans moi si je venais à changer de fonction ou à quitter mon entreprise.				

N°	Libellé	Tout à fait moi	Me ressemble	Légère tendance	Pas du tout
57	J'adore les contacts humains et je n'aime pas travailler seul.				
58	Mon agenda est souvent bousculé par des événements impromptus qui s'imposent.				
59	Je gère ma trajectoire comme si j'étais une entreprise. Je fais régulièrement le point sur les menaces qui me guettent et les opportunités qui se présentent et j'analyse mes points faibles et points forts quant à ces menaces et opportunités.				
60	Je m'informe en permanence sur les évolutions de la clientèle, les stratégies des concurrents, les technologies qui peuvent avoir un impact sur nos métiers et les décisions politiques et juridiques.				

Corrigé p. 204.

La coexistence des échelles de temps dans l'entreprise

La seule et unique manière de gérer son temps est un leurre. De nombreuses situations temporelles, différentes les unes des autres, scandent chaque journée de travail. Un incident majeur et tout le monde se mobilise immédiatement pour le résoudre et parer au plus pressé. L'urgence est d'autant plus aiguë qu'elle met en cause l'intégrité physique des personnes et des biens.

La réunion préparatoire au plan à 3 ans nous transporte dans le futur et nous amène à penser aux investissements de demain. Le rendez-vous avec un client important nécessite un recueil de don-

nées préalables et un minimum de préparation. Les entretiens d'appréciation sont suivis d'un temps de réflexion pour faire des propositions de promotion et d'augmentation de salaires qui soient le juste reflet des contributions de chacun. La réunion « d'affaires courantes » chaque lundi est l'occasion de faire le point en groupe sur l'état d'avancement des projets.

Et lors des « grands virages de la vie » : mutation, déménagement, mariage, naissance, deuil, départ des enfants, reconversion professionnelle, certains d'entre nous se reposent les 3 questions : « Qui suis-je ? D'où viens-je ? Où vais-je ? » nous interrogeant ainsi sur le sens de notre vie.

Nos pensées et nos actions traversent le temps, font d'incessants allers et retours, nous transfèrent du présent immédiat au lointain futur en faisant de brèves incursions dans le passé où s'accumulent nos expériences.

Nos pensées et nos actes voyagent dans le temps ensemble mais aussi chacun de leur côté. Un acte présent peut être motivé par une anticipation de la pensée ou le résultat d'une décision passée. Il arrive parfois que l'acte soit complètement déconnecté de la pensée lors d'un événement à haute intensité émotionnelle : panique, sentiment d'impuissance, conflit, douleur intense. Dans ces cas, nous sommes happés par le présent immédiat et irrésistible.

Variations de la perception du temps

Les acteurs de l'entreprise ne partagent pas les mêmes horizons temporels. Les rapports au temps sont si différents que parfois l'entreprise ressemble à la « tour de Babel ». Les membres d'une même organisation ne sont pas tous subjectivement contemporains.

Par exemple, un cadre qui a débuté sa carrière dans les années 1960 pense en termes d'organisation scientifique du travail. Celui des années 1970 est imprégné du concept de relations humaines. Celui des années 1980 du système sociotechniques et de la qualité totale. Celui des années 1990, de projets, de stratégies et de mondialisation. Celui des années 2000, de processus transversaux étirés, de « grappes » technologiques, de délocalisations et d'externalisation. Et de nos jours du chaos, de la complexité et de la systémique.

Bien sûr, chacun évolue dans son contexte temporel mais garde ancrés les réflexes de ses débuts. Les cultures temporelles, individuelles et locales s'entremêlent : elles créent une culture globale qui évolue plus lentement que la technologie.

Les conceptions du temps différentes sont inhérentes aux individus. Pour se motiver et motiver leur entourage, certains se réfèrent au passé : « Que tirons-nous de nos expériences? Qu'auraient fait les fondateurs de l'entreprise? » D'autres vivent le temps présent : « Ce qui compte, c'est ce qui se passe ici et maintenant », « Chaque chose en son temps », « On ne peut pas bâtir sur le long terme si nous n'assurons pas les résultats à court terme ». Les derniers sont orientés futur : « Laissons-nous guider par notre projet, seul l'avenir nous dira si nous avons réussi », ou avec plus d'emphase : « Nous construirons des jours à la mesure de nos rêves. »

L'appréciation du temps varie également selon la fonction. Le temps des comptables se différencie du temps des ingénieurs, lui-même différent de celui des chercheurs ou des agents de maîtrise de production. La direction pense plutôt à long terme, l'encadrement à moyen terme et les opérateurs et employés à court terme. Il ne s'agit pas ici de modes de pensée psychologique mais de modes de pensée liés aux missions et aux préoccupations professionnelles.

Il en est du temps comme de l'argent : certains calculent en kilo euros, d'autres en euros et certains encore en francs, voire en anciens francs.

Nous ne sommes pas tous mentalement contemporains à la même époque.

Les rythmes biologiques diffèrent selon les individus. Les uns sont du matin, les autres du soir ou de la nuit.

Par exemple, tel cadre technique sur un site industriel débute aisément son travail à 7 heures du matin alors qu'un spécialiste du marketing trouve son plein essor à 16 heures.

Des plages de temps identiques sont sacrées pour les uns et profanes pour les autres : le travail du dimanche, l'heure des repas, la nuit, la pause syndicale, le comité de direction, les entretiens annuels...

Rythmes humains et cycles économiques

Les rythmes humains sont de surcroît en décalage par rapport aux cycles économiques.

Par exemple, au moment où nous écrivons ces lignes, nous intervenons dans des entreprises en fusion et en transformation. Les dirigeants de ces entreprises nous demandent de les accompagner dans leurs démarches de modernisation de leur organisation et d'implication de leurs collaborateurs. La survie et le développement de ces entreprises, hormis la qualité des produits, leur stratégie commerciale et leur capacité d'innovation, passent par la mise en œuvre très rapide de nouvelles formes de management des ressources humaines. Mais ce rythme soutenu et rapide entre en contradiction avec les attitudes et les comportements du personnel, qui requiert des progressions plus lentes et plus douces.

Ces interventions seraient facilitées si les cycles humains et les cycles économiques évoluaient à la même vitesse en restant synchrones. Les hommes sont adaptables et réactifs, mais ils ont besoin de temps pour se former, pour s'adapter, pour changer. Les indicateurs de gestion sont souvent décalés par rapport aux rythmes des êtres humains.

Les tiraillements entre les cycles des êtres humains et les cycles économiques

Cycle des êtres humains	Cycles économiques
Durée de recrutement : 3 à 6 mois Durée de prise de poste : 3 à 9 mois Durée d'une mission : 3 à 5 ans Durée d'une vie professionnelle : 35 à 45 ans Durée d'une formation qualifiante : 9 à 12 mois (à nuancer selon les métiers)	Cours de Bourse : instantanés Bilan annuel : un an Résultats trimestriels : 3 mois Cycle de vie des produits : variable avec tendance au raccourcissement Durée d'amortissement des équipements : 3 à 5 ans Évolutions de la conjoncture : brutales Développement des nouvelles technologies : variable avec tendance à l'accélération

Les cycles humains et leur constance produisent une inertie. Cette inertie est renforcée par les modèles de gestion de ressources humaines conçus depuis la fin de la Seconde Guerre mondiale. L'histoire des modèles de gestion des ressources humaines en Europe est celle de la satisfaction des constantes humaines dans un contexte de fort développement et de relative autarcie.

En Europe de l'Ouest, depuis les années 1950, nous avons vécu sur la croyance en un progrès conjoint de l'économique et du social : éducation, santé, sécurité de l'emploi, retraite, augmentation du niveau de vie, amélioration des conditions de travail, services publics accessibles à tous...

Le traitement des affaires au niveau international est plus rapide aujourd'hui que le traitement du marché local par le passé. La vitesse de circulation des produits, des capitaux et des informations autour de la planète est de plus en plus rapide. Une décision prise à Tokyo, à Francfort ou à New York influe sur la gestion d'un site industriel ou commercial à Orléans, à Barcelone ou à Bruxelles.

Un modèle de voiture, un logiciel, une émission de télévision, un disque laser ne sont rentables que si le monde est leur marché. L'émergence de nouveaux compétiteurs (Fédération de Russie, Corée, Chine, Mexique, Chili, etc.) place les salariés européens en concurrence avec des ingénieurs et des ouvriers « moins coûteux ». Ces nouveaux compétiteurs sont autant de marchés émergents susceptibles de relancer nos offres technologiques.

Les compétences des hommes, comme les organisations, ne sont plus immuables. En 1960, la fidélité à son métier et à son entreprise était une valeur partagée. Les enseignants, les parents et les responsables économiques de l'époque répétaient à l'unisson : « Vous pourrez changer d'employeur, mais surtout, conservez votre métier toute votre vie. » Ces valeurs sont encore ancrées dans l'inconscient collectif. Et pourtant, nous savons que, désormais, il faudra changer de métier plusieurs fois dans sa vie professionnelle. La durée de vie des savoir-faire utiles a tendance à se raccourcir. Il ne suffit plus de savoir s'adapter, encore faut-il le faire vite.

Il est de bon ton, dans l'univers des dirigeants et des consultants, de louer les vertus de la flexibilité des statuts, des rythmes de fonctionnement et des revenus. Les conséquences sociales de cette flexibilité entrent en contradiction avec les aspirations fondamentales des salariés et les exigences des institutions sociales et financières.

Les deux aspirations fondamentales de la plupart des salariés en Europe restent de nos jours la stabilité de la rémunération et le contrat de travail à durée indéterminée. Ces deux aspirations sont relayées par les exigences des institutions sociales et financières.

Par exemple, pour obtenir un logement, un prêt, un remboursement hospitalier, l'office de HLM, l'organisme de crédit et la sécurité sociale demandent la présentation des bulletins de salaires et des attestations prouvant la stabilité de l'emploi.

Les trois échelles de temps

L'entreprise, pour survivre et croître, organise en son sein la coexistence d'échelles de temps différentes que l'on peut pour simplifier circonscrire à 3. Ces 3 échelles de temps sont indispensables et pourtant contradictoires entre elles. Ce sont : l'échelle stratégique, l'échelle prévisionnelle et l'échelle opérationnelle.

Dans le système économique capitaliste, les entreprises privées cherchent à optimiser les taux de profit et les entreprises publiques cherchent à rendre les meilleurs services publics au moindre coût pour la collectivité. Le « juge de paix » est l'efficacité économique.

• Ces exigences communes étant posées, chaque entreprise développe une stratégie qui lui est propre. **L'échelle de temps stratégique** permet de construire un avenir en anticipant des parades aux événements probables et aux stratégies des concurrents. De surcroît, l'optimisation du taux de profit et les économies financières enthousiasment certes les actionnaires et les ministres mais ne font pas rêver les clients et les collaborateurs. Pour cela, l'entreprise se dote d'un dessein, d'un projet, d'une raison d'être pour attirer et fidéliser des clients et des usagers et pour attirer et retenir les meilleurs collaborateurs. L'échelle de temps stratégique est supposée asseoir la pérennité de l'entreprise en la définissant en termes de « faite pour » ses clients, ses actionnaires, son personnel, ses partenaires et la collectivité.

• « Gérer, c'est prévoir » pourrait être la devise de **l'échelle de temps prévisionnelle**. Elle met en œuvre des méthodes, techniques et outils au service de la stratégie. Les collaborateurs chargés d'optimiser cette échelle de temps choisissent les moyens en fonction de leur moindre coût économique, social et humain. Ils préparent et planifient les changements et envisagent les conséquences prévisibles de telle ou telle décision. Cette échelle de temps englobe les objectifs à 1 an, les plans glissants à 3 ans et les scénarios à 5 ans. Elle confirme, ou modifie, ou infirme les effets de l'échelle de temps stratégique. Elle définit l'échelle de temps opérationnelle.

• **L'échelle de temps opérationnelle** assure le court terme, de la minute à l'année. Elle concerne essentiellement les personnes confrontées aux réalités concrètes, à l'action, au personnel et aux clients « en chair et en os ». Les résultats des actions sont visibles rapidement, voire instantanément. Cette échelle rend évidents et criants les écarts entre le prévu et le réel. Le présent s'impose et donne l'impression d'improviser en permanence malgré les procédures supposées tout prévoir.

Ces 3 échelles de temps sont interdépendantes et engendrent parfois des attitudes sectaires entre leurs acteurs.

Par exemple, tel cadre qui reproche aux agents de maîtrise de « garder la tête dans le guidon » ou tel vendeur qui pense : « Mais au juste, vont-ils en clientèle ? » en pensant aux responsables de la fonction marketing.

Ces exemples pourraient remplir un dictionnaire, tellement les préoccupations de ceux qui vivent des échelles de temps différentes semblent éloignées les unes des autres. Ces contradictions apparentes sont normales. Un management performant réalise en permanence les meilleurs ajustements entre ces contradictions.

Les managers de proximité qui animent des équipes sur le terrain et pilotent des projets doivent à la fois donner du sens à leurs actions, gérer, prévoir et assurer le quotidien. Un dirigeant, s'il doit développer une pensée globale, doit aussi savoir agir localement.

Les styles de temps

Nous vivons en même temps plusieurs échelles de temps et nous voyageons mentalement du passé à l'avenir et en sens inverse, indépendamment, de la chronologie des événements. Le sens que nous donnons au temps a plus d'influence sur notre vie que les minutes qui s'égrènent. Le « même » événement du passé devient un mauvais souvenir pour les uns, un apprentissage pour d'autres, un non-événement pour d'autres encore. Les leçons du passé ne sont pas les mêmes pour tout le monde. Le futur aussi est le fruit de croyances, de superstitions et d'options philosophiques. Pour les uns, il est par essence incertain, pour d'autres écrit par les dieux et pour d'autres encore un objet à construire à partir des expériences du passé.

Les styles de temps englobent le sens que nous donnons au temps, le contexte socio-économique, les rôles professionnels, les activités, le métier, la technologie, les expériences et l'éducation. Le temps de l'astrophysicien est sans commune mesure avec le temps de l'agent de change. Les styles de temps ne se réduisent pas à la personnalité, ils intègrent les adaptations aux évolutions de l'environnement et les apprentissages liés aux expériences et aux projets personnels. Les styles de temps ne sont donc pas figés, ils évoluent dans le temps.

Chacun d'entre nous détient un style de temps évolutif. Il existe autant de styles de temps que d'habitants sur la planète. La grande bibliothèque d'Alexandrie n'aurait pu tous les contenir. Les sciences humaines étant les sciences du classement, retenons 4 styles de temps organisés autour de deux variables.

• La première variable est justement notre **orientation temporelle**. Sommes-nous attirés par le présent immédiat ou pensons-nous au futur avant d'agir ? Cette variable représentée par l'axe vertical de la figure suivante nous indique quelle est notre orientation mentale temporelle.

Mais où se situe le passé dans cette variable ? Il est présent partout, les expériences passées influençant les microdécisions présentes et les enseignements du passé nourrissant l'avenir.

• La deuxième variable caractérise à un moment donné notre **focalisation**, soit sur les processus, l'organisation et les objets inertes, soit sur les relations avec les autres. Cette variable est représentée par l'axe horizontal de la figure.

Aucun des 4 styles qui découlent de ces 2 variables n'est meilleur que les 3 autres. Ils sont tous générateurs d'efficacité et porteurs de tendances inefficaces.

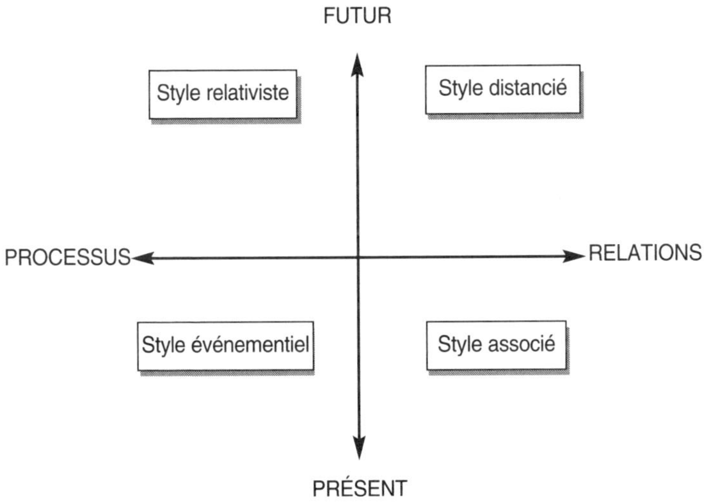

Décrivons ces 4 styles sachant que cette typologie est une représentation pédagogique. Cette approche est un modèle et, comme tout modèle, il est à la fois faux et pratique. Faux, car il simplifie la réalité, les attitudes et comportements temporels étant réduits en 4 styles. Pratique, car il offre des indications pour progresser et coopérer avec ceux qui épousent des styles différents du vôtre.

Style relativiste : orientation « futur » et focalisation sur les processus

Celui ou celle qui adopte le style relativiste est peu sensible aux événements présents qu'il considère comme des urgences. Il pense que lorsqu'un problème devient urgent, il est déjà trop tard pour le résoudre. Comme il ne tient pas à être stressé par le « management du dernier moment », il planifie son temps très en avance et s'y tient, sauf en cas de « force majeure » qu'il décrète lui-même en fonction de ses priorités.

Les priorités et les urgences sont autodéterminées. Il ne saurait être question de se laisser envahir par celles des autres. Il pense que la réactivité est une forme de passivité et qu'il convient d'être pro-actif. Il refuse de participer à certaines réunions qui ne lui semblent pas avoir de valeur ajoutée pour l'accomplissement de ses missions professionnelles.

> *Le style relativiste est une pratique plutôt solitaire, ce qui facilite les visions et les rêves sur l'avenir. L'agenda, au demeurant très bien tenu, comporte les rendez-vous avec les autres, les rendez-vous avec soi-même, ainsi que les temps de transitions : transports, repos, lectures, préparation des comptes rendus et rapports… Il sait que le temps programmé chasse celui qui ne l'est pas.*

Pour s'assurer une sécurité temporelle sur le long terme, il ou elle planifie avec son conjoint, un an à l'avance, les congés et les week-ends prolongés que l'on sauvegardera à tout prix. Chaque changement important dans la vie professionnelle ou privée donne lieu à un examen et, le cas échéant, à une modification des priorités personnelles.

Il est résolument orienté « clients » mais pense que les clients ne sont pas égaux entre eux. Il s'est construit des matrices séparant les clients en « CA élevé », « CA faible », « Fort potentiel », « Faible potentiel », répartissant son énergie et affectant des moyens en fonction de la stratégie commerciale.

Pour prendre une décision importante, il s'isole et prend son temps. Le cas échéant, il mûrit sa décision au cours de longues promenades ou de séances de course à pied ou à bicyclette.

Si étonnant que cela puisse paraître, l'orientation « futur » de ce style est nourrie des idées et des actions des anciens. Le futur est certes à découvrir mais de grandes constantes subsistent depuis des temps reculés : le besoin de coopérer pour atteindre un but, la permanence du couple angoisse/plaisir pour entreprendre, la continuité des institutions malgré la disparition de personnages mythiques et héroïques, les jeux de pouvoir dans les organisations, la grandeur et la décadence des civilisations, des pays et des entreprises... Autant de constantes qui relativisent les changements présents et à venir.

Il pense que le vocabulaire du management est marqué par son époque mais que les grands principes restent les mêmes depuis l'Antiquité : « Gouverner le peuple, ce n'est pas forcer le peuple », « L'homme sage connaît ses limites », « Nous sommes la somme de nos choix », « Ils ne savaient pas que c'était impossible, c'est pourquoi ils l'ont fait »...

Les mythes grecs, les tragédies, les comédies, les fables de La Fontaine et bien d'autres œuvres artistiques et philosophiques du passé sont si universelles qu'elles s'assurent un avenir éternel.

Style distancié : orientation « futur » et focalisation sur les relations

Celui ou celle qui adopte le style distancié pense qu'il faut être plusieurs pour atteindre un but et qu'il est préférable d'avoir ses collègues, collaborateurs et managers « avec soi » plutôt que « contre soi ». Ceci étant dit, il distingue nécessité de coopérer et attachement affectif.

Le distancié se veut être un fin stratège. Il s'est fixé des buts à long terme qui déterminent ses actions quotidiennes et ses relations avec les autres. Lorsqu'il est interrompu au cours d'une tâche qu'il s'était fixée ou que l'un de ses interlocuteurs sollicite du temps qui pourrait l'éloigner de ses priorités, il sait dire « non » à la demande et « oui » à la personne.

Il sait faire preuve de pédagogie en expliquant à qui veut l'entendre que l'efficience professionnelle consiste à minimiser ses efforts pour satisfaire un enjeu majeur. Pourquoi se fatiguer pour des actions à faible coefficient multiplicateur? Il se pose souvent la question : « Et si je ne faisais rien, que se passerait-il? », si la réponse est : « Pas grand-chose », il s'abstient d'agir. Il sait qu'il n'a qu'une vie et qu'il est inutile de dépenser son énergie à tort et à travers.

Il trouve que le concept d'urgence est adapté pour la médecine et les catastrophes mais qu'il s'agit d'une métaphore manipulatoire dans le contexte de l'entreprise. Et puis, « il n'y a pas que le travail dans la vie » pense-t-il même si, au demeurant, il est intéressé par sa vie professionnelle.

Il négocie par avance la durée de toutes les séquences relationnelles, y compris avec ses supérieurs et ses clients : entretiens, réunions, appels téléphoniques... Il consulte sa messagerie électronique et ses messages enregistrés 2 à 4 fois par jour, pas plus. Il accepte de passer du temps avec les autres pour résoudre des problèmes ou réaliser un projet, mais il tient à garder la maîtrise du planning. Passer du temps avec les autres n'est pas subir le temps des autres. Il sacrifie néanmoins un peu de son temps aux rituels relationnels pour entretenir une certaine proximité avec les autres.

Lorsque quelqu'un vient le voir paniqué en cas d'urgence, il pose des questions du type : « Est-ce qu'il y a un danger pour les personnes et les biens ? », « Est-ce que nous risquons de perdre un client ? »... Si les réponses sont « Non », il invite la personne à s'asseoir, à boire un verre d'eau et lui demande de décrire les faits.

Il laisse passer au moins une nuit avant de prendre une décision. Il prend ses distances par rapport aux événements impromptus afin de laisser jouer son intuition et ses capacités de réflexion.

En cas de problème important, il oriente les autres et lui-même vers le futur : « Et maintenant que nous savons que ce problème est survenu, qu'allons-nous faire ensemble pour le résoudre ? » Il évite dans un premier temps d'évoquer le passé : « Pourquoi ? », « Pourtant je vous avais bien dit », « Il aurait fallu que »... autant de questions qui mettent de « l'huile sur le feu ».

Pour lui, la valeur ajoutée d'un manager sur ses collaborateurs est d'avoir une vision plus large et plus lointaine qu'eux. Un résultat à atteindre n'est pas seulement un but, c'est surtout un passage obligé pour valider ou corriger une stratégie.

Ses principales actions sont motivées par la satisfaction des clients et des usagers et il est convaincu que les produits et les services de valeur pour les clients seront achetés. Ceci étant dit, il accepte que le client soit « roi » mais pas « tyran ».

Style associé : orientation « présent » et focalisation sur les relations

Celui ou celle qui adopte le style associé reste très proche de son entourage professionnel. Il aime rendre service et se rend disponible à la moindre sollicitation. La porte de son bureau n'est jamais fermée et il se consacre immédiatement, à la personne qui y pénètre. Sa messagerie électronique est ouverte en permanence et il répond aux messages immédiatement sachant que ce qui n'est pas fait tout de suite ne sera jamais réalisé. En déplacement, son téléphone mobile est allumé et il oublie parfois de l'éteindre lors d'entretiens ou de réunions. Il pense que pour être apprécié et reconnu par les autres, il est important de rester disponible. Si un client ou son manager l'appelle d'urgence, il s'y rend toutes affaires cessantes. Il considère qu'en tant que membre d'une entreprise, il doit s'y « donner corps et âme ».

Cet engagement professionnel doit être d'autant plus soutenu que l'on dispose d'un rang élevé dans la hiérarchie. Il traite un certain nombre de situations désespérées. Il s'est forgé une réputation de « pompier de service » ou de « commando » qui évite les catastrophes au dernier moment. Il sait d'ailleurs entraîner les autres au traitement de ces situations extrêmes. C'est très valorisant en effet de se sentir indispensable. Il est prêt à rester tard au bureau, voire sacrifier un week-end pour terminer un dossier ou rattraper l'erreur d'un individu ou d'un service.

C'est dans ces moments « limites » que se nouent des relations humaines très intenses. Quoi de mieux qu'une épreuve commune pour renforcer la solidarité entre les membres d'une équipe? Et puis, frôler la catastrophe ensemble procure des sensations qui se transforment par la suite en bons souvenirs et en actes héroïques. Il traite plusieurs choses en même temps. Et le temps paraît ainsi plus court.

Il passe beaucoup de temps sur le terrain et rend visite à ses collègues et collaborateurs en cas de problème plutôt que de les recevoir dans son bureau.

Il aime organiser régulièrement des « pots » et des repas conviviaux pour entretenir l'esprit de coopération, quitte à se dépêcher ensuite pour clore un dossier en cours. « Il faut savoir perdre du temps pour en gagner », pense-t-il à ces moments-là.

Style événementiel : orientation « présent » et focalisation sur les processus

Celui ou celle qui adopte ce style estime qu'alors que la guerre des prix et de la qualité fait encore rage, la guerre du temps est déclarée. Les clients exigent un traitement hautement privilégié et immédiat de leurs attentes et de leurs problèmes. La concurrence est exacerbée, l'offre est pléthorique, les produits se démodent de plus en plus vite. Le champ de bataille recouvre la planète.

Les entreprises doivent accélérer la vitesse de leur fonctionnement pour innover, produire et commercialiser. Aucune organisation n'échappe à la guerre du temps : de l'artisan au groupe international, en passant par les PME et les services publics. De même, aucune activité de l'entreprise n'y échappe : du commercial aux services généraux en passant par les approvisionnements et la production.

La réactivité à mettre en œuvre face aux sollicitations du marché implique une très grande flexibilité. Il faut être capable de changer du jour au lendemain au gré des événements qui surviennent. Le traitement des urgences est pour lui un ressort de motivation, voire le symbole de son identité. Une bonne journée est scandée par une succession d'activités. Il a horreur des réflexions philosophiques et des approches trop conceptuelles à son goût. Les procédures offrent des zones de confort appréciables où il n'est pas besoin de « réinventer l'eau chaude » chaque jour.

Il ne croit guère aux stratégies à long terme car il a connu de nombreux exemples où ce qui était annoncé comme sûr a été contredit par les faits. Il sait trop bien que les concurrents d'aujourd'hui peuvent être les alliés de demain suite à une alliance ou une fusion. Faire des « plans sur la comète » lui semble être une perte de temps inutile car les faits sont têtus. Il considère que les mêmes causes produisent les mêmes effets.

Pour lui, l'entreprise vit dans un univers contraint : contraint par les coûts et par la qualité pour affronter la concurrence mondiale, et contraint par le temps pour conserver la longueur d'avance qui fait la différence. Chacun doit rechercher le meilleur agencement de ses moyens pour fournir des résultats favorisant la valeur ajoutée des process auxquels il contribue. Pour assurer la performance des process, il lui semble nécessaire de coordonner les expertises fonctionnelles réparties dans l'ensemble de l'organigramme et d'animer les acteurs concernés dans le cadre d'équipes projets.

Lorsqu'un problème survient, il en recherche les causes immédiatement, selon des méthodes éprouvées depuis longtemps. Les pannes et les incidents doivent être aussitôt visualisés sur des tableaux de bord et même directement sur les machines avec des codes de couleur. Les solutions s'imposent alors rapidement.

Une bonne journée de travail doit être intense, l'activité la plus longue ne dépasse jamais 15 minutes. La plupart des réunions l'ennuient car elles sont trop éloignées des réalités concrètes à son goût. Idem pour les séances de formation; celles-ci n'ont de la valeur que si elles sont applicables immédiatement à l'aide de « check-list » et n'ont aucun intérêt si elles restent théoriques.

Les caractéristiques des styles de temps

	Style relativiste	Style distancié	Style associé	Style événementiel
Orientation	Futur	Futur	Présent	Présent
Focalisation	Processus	Relations	Relations	Processus
3 dominantes	• Imagine l'avenir à long terme tout en conservant les grandes constantes du passé. • Révise périodiquement son système de priorités. • Pense que lorsque c'est urgent, il est déjà trop tard.	• Vit les relations présentes en pensant au futur. • Donne du temps au temps avant de décider. • S'investit dans la vie professionnelle tout en préservant sa vie privée.	• Consacre la plus grande partie de son temps à rendre service aux autres et à résoudre des problèmes. • Très engagé professionnellement. • Traite plusieurs choses en même temps.	• Se sert de procédures qui ont fait leurs preuves pour agir rapidement. • Entre en action immédiatement en cas de problème. • Pense que l'on ne peut construire un futur à long terme que si on réussit le court terme.
3 points forts	• Capitalise les expériences. • Consacre son énergie aux enjeux importants et ne se laisse pas éparpiller par les sollicitations extérieures. • Gère son agenda à la perfection.	• Fin stratège, sait mobiliser les autres sur des projets d'avenir. • Dédramatise de nombreuses situations vécues par d'autres comme « limites ». • Change de méthode si nécessaire pour atteindre son but.	• Très proche des individus et des équipes. • Résout des situations « limites » en sachant improviser. • Assure un climat de coopération et d'entraide.	• Homme ou femme d'action très réactif et rapide. • Trouve rapidement des solutions concrètes pour pallier les événements impromptus. • Tenace et endurant.

	Style relativiste	Style distancié	Style associé	Style événementiel
3 « travers »	• Solitaire, tient assez peu compte des avis des autres. • Passe pour un « intello ». • Manque de flexibilité.	• Passe pour un calculateur et un manipulateur. • Méfiant et distant malgré des apparences coopératives. • Éthique opportuniste.	• Se laisse interrompre. • N'ose pas dire non et se transforme ainsi en « bonne poire ». • Se laisse entraîner sur des actions non prioritaires.	• « La tête dans le guidon ». • Répète les mêmes erreurs sous l'effet des urgences. • Travaille trop et sacrifie sa vie privée.
Contextes professionnels recommandé	• Recherche et développement. • Projets lourds, de longue durée avec plusieurs partenaires. • Consulting et marketing	• Négociations commerciales ou sociales. • Formation, coaching, tutorat. • Projets pluridisciplinaires.	• Travail d'équipe. • Services « hot line » pour les clients internes et externes. • Chantiers dans des conditions d'environnement difficiles.	• Résultats quantifiables et mesurables. • Travail avec une composante physique. • Production et services en temps réel.
Attitudes vis-à-vis des urgences	• Valide qu'il s'agit d'une priorité avant d'agir. • Reste calme et agit lentement. • Se débrouille pour ne pas être mis en situation d'urgence grâce à une excellente gestion de son agenda.	• Se débrouille pour les faire traiter par d'autres. • Adopte une philosophie de type : « Maintenant que ce problème apparaît, qu'allons-nous faire pour le résoudre ? » • Dédramatise.	• Les traite « toutes affaires cessantes ». • Sauve avant tout la coopération. • Considère les urgences des clients comme sacrées.	• Se réfère aux procédures. • Recherche immédiatement les causes. • Vit en « état d'urgence » permanent.

	Style relativiste	Style distancié	Style associé	Style événementiel
Attitudes vis-à-vis des change-ments	• Du moment que le changement ne met pas en cause ses valeurs et ses priorités de vie, accepte aisément de changer. Il pense néanmoins que plus ça change, plus c'est la même chose.	• Capable de changer car il adhère modérément aux change-ments. Flexible, il passe pour un allié auprès des promoteurs du changement. Il sait trouver les attitudes et expressions qui ont la « cote ».	• Change pour rester accepté par les autres. Pense que nous sommes soumis aux événe-ments extérieurs et qu'il convient de s'y adapter en perma-nence.	• Considère que le changement est une impérieuse nécessité. Adhère tellement aux décisions de changements qu'il y reste « collé », freinant ainsi un changement ultérieur.
Styles de management	• Délégatif	• Négociateur	• Coopératif	• Directif
Styles de subordi-nation	• Prend des initiatives et place le manager devant le fait accompli.	• Négocie des ressources pour atteindre les objectifs.	• Arrangeant	• Obéissant
En cas de désac-cord avec le manager	• « Cause toujours, tu m'intéresses ! »	• Soumission stratégique. « Fait » comme s'il était d'accord.	• Ne dis rien et rumine.	• Demande des règles précises et des ordres écrits.
Inquiétudes	• Être amené par obligation à travailler dans un service qui ne lui convient pas, en particulier un métier où il faudrait être « sur la brèche » en permanence.	• Être manipulé par les autres.	• Être ignoré par les autres et se sentir inutile.	• Être inactif.
Plaisirs	• Se dire : « Ma vie a un sens. »	• Arriver à ses fins.	• Se sentir important pour les autres.	• Une journée bien remplie et des activités diverses et variées.

Les styles de temps, loin d'être innés, sont des constructions réalisées tout au long de notre vie. Le contexte professionnel et les modes de relations qui en découlent déterminent en grande partie notre style de temps à un moment donné, dans une entreprise donnée, dans une fonction donnée. Un style de temps n'est pas non plus une fatalité intangible. Nous avons le pouvoir de le conserver comme tel s'il nous convient, de le modifier, d'en changer, de l'enrichir.

En principe, nous devrions être capables d'adopter tous les styles de temps et de les choisir en fonction des enjeux, des événements, des acteurs en présence et de tout autre facteur environnemental influant sur nos attitudes et comportements. Nous devrions, en effet, pour être efficients professionnellement et satisfaits des équilibres entre nos temps professionnels, privés, sacrés, biologiques, solitaires et collectifs, naviguer avec aisance entre le présent, le passé et le futur, et nous focaliser sur les relations et sur les procédures en même temps.

CONCLUSION

La « gestion du temps », avec ses outils « classiques », nous entretient dans un rapport particulier au temps :

- c'est un ennemi ;
- une contrainte qui pèse ;
- une figure hostile ;
- une violence quotidienne et sournoise.

La « gestion du temps » nous recommande, dans ce monde hostile, de « blinder » son agenda, d'être impitoyable avec les minutes, de faire la « chasse » aux activités chronophages, de se prémunir « contre » les interrupteurs, d'optimiser, de tenir bon à grands coups de « savoir dire non ».

Nous considérons que les difficultés associées au temps comme le « manque » ou la « perte » sont les symptômes d'un malaise qui met en cause d'autres dimensions.

Le « manque de temps » met en évidence une difficulté plus ou moins importante. Mais c'est surtout sa persistance qui révèle un malaise. L'oubli d'un rendez-vous ou le retard dans des délais ne mettent pas à jour un malaise aussi profond qu'un sentiment de saturation, de ne jamais pouvoir finir, une difficulté permanente à s'organiser, une planification intenable, une atteinte à la santé, des symptômes physiques ou une dépression.

Le temps peut révéler une crise personnelle : une perte de sens

Nous entendons par « perte de sens » une perte de repères permettant de nous orienter, de comprendre ce que nous faisons et de comprendre qui nous sommes. La perte du sens conduit, lorsqu'elle dure, à un état dépressif. Nous ne savons plus ce que nous faisons ni pourquoi nous le faisons. Nous ne comprenons plus ce qui se passe ni ce qui nous arrive. Nous nous interrogeons sur la valeur des activités que nous entreprenons. Parfois, nous sommes tétanisés par la peur et le doute. Pendant ce temps, la pression de l'activité ne diminue pas et nous nous sentons submergés.

Le temps, et surtout la façon dont nous le vivons, nous renseignent sur la valeur subjective des activités que nous accomplissons. C'est la nature de l'activité qui est au centre de notre appréciation. Notre rapport au temps devient une source d'information.

Le temps nous permet de découvrir nos objectifs personnels

Le temps entretient un rapport avec nos objectifs personnels. Nous sommes prêts à travailler longtemps et à « dépenser » sans compter si nos activités quotidiennes alimentent le chemin qui conduit à nos objectifs.

Les objectifs revêtent une grande diversité. Ils peuvent correspondre à des enjeux strictement professionnels (promotion, besoin d'appartenir, conformité, innover, obtenir un statut plus important, gagner plus d'argent, apprendre, innover...) mais aussi personnels (occuper ses loisirs, harmoniser vie personnelle et vie professionnelle, éduquer ses enfants, pouvoir se cultiver, sortir, se divertir...).

« Le manque de temps » rend parfois compte de ces choix ou vient montrer un conflit entre « ce qu'il faut faire » – c'est-à-dire ce qui nous est imposé de l'extérieur – et nos objectifs personnels – notre moteur intérieur.

Le temps nous révèle la nature du lien qui nous relie à l'entreprise, au service, et à l'équipe

Le rapport subjectif que nous entretenons à notre équipe, à notre service ou à notre entreprise conditionne notre rapport au temps. Les moments ne sont pas non plus vécus de la même manière selon l'image positive ou négative que nous avons de l'organisation dans laquelle nous travaillons.

Autrement dit, il est plus « supportable » de travailler longtemps dans une entreprise valorisée par ses produits, son image, ses perspectives, porteuse d'avenir et de développement, qui apporte la reconnaissance, plutôt que de s'investir dans une entité dont l'avenir est incertain et l'objet non estimable.

Enfin, le temps nous permet de nous interroger sur notre place et notre rôle dans le social.

Le temps peut nous révéler le sentiment de notre utilité

Notre rapport au temps peut nous révéler un sentiment d'utilité ou d'inutilité que nous ressentons vis-à-vis d'une situation. Si c'est l'inutilité qui domine, elle traduit sans doute l'impression de « subir » ce qui se passe, de ne pas avoir de prise, et de se penser comme un « objet ». L'inutilité exprime un constat : ne pas pouvoir influencer les événements.

A contrario, les professionnels n'ont pas l'impression d'y « perdre leur temps » lorsque leur investissement est récompensé par des informations obtenues, un échange structuré, un accroissement de leur réseau relationnel ou de simples réponses à des questions.

Aujourd'hui, l'importance que l'on accorde à la dimension « temps » nous semble en faire une ressource de pouvoir à part entière.

Dans les entreprises, un jeu subtil s'organise autour de la « visibilité » des temps. Toutes les activités n'ont pas le même « statut productif ».

Les « temps montrables » sont souvent des temps de production alors que, par opposition, les « temps invisibles » sont liés à la conception, la création et donc à des activités de réflexion. Les « temps montrables » permettent d'exercer un certain contrôle sur les professionnels : bien que l'on ne sache pas vraiment ce que les salariés font d'un seul coup d'œil, ils montrent si ces derniers sont dignes de confiance et réalisent une action qui contribue aux résultats de l'équipe, de l'entité et de l'entreprise.

Par contre, celui qui exerce une activité dans un « temps invisible » est suspect de ne rien faire. Ses collègues et sa hiérarchie s'interrogent : que fait-il exactement? Même s'il argue qu'il travaille pour une action future déterminante, dans les faits, il pourra être interrompu et sollicité comme s'il ne faisait rien.

Les « temps montrables » et les « temps invisibles » sont différents d'une entreprise à une autre selon la nature de ses produits ou services.

Le « temps invisible » est un temps qui prend fréquemment sur le temps libre. Il s'immisce dans le quotidien. Il contraint le professionnel à arriver plus tôt le matin ou à partir plus tard. C'est souvent les activités de ces « temps invisibles » que nous emportons à la maison : lectures, écritures, mises en forme de présentations, réflexions... Ces « temps invisibles » rendent la frontière entre le professionnel et le privé de plus en plus perméable.

Le temps, c'est du plaisir

Notre temps n'est pas illimité. Sur le plan professionnel, nous ne disposons pas d'un temps infini, même si la tentation d'allonger ses horaires pour faire face à la pression est constante.

Le temps renvoie chacun d'entre nous à la nécessité d'opérer des choix. Nous ne pouvons pas être partout et tout faire. Ces choix sont parfois vécus douloureusement parce qu'ils imposent des renoncements, c'est-à-dire qu'ils restreignent le champ des possibles. Cette option négative ne doit pas nous faire oublier que le temps nous aide à déterminer ce qui nous paraît essentiel.

Pour s'accomplir et s'épanouir, le temps peut être un allié. L'obligation de faire des choix nous rappelle que nous ne pouvons pas être partout et que le temps que nous passons personnellement dans une activité ou une autre n'a pas le même sens si nous le déléguons à un tiers.

Le plaisir de gaspiller son temps, d'être lent et d'attendre

Dans un monde où tout doit aller vite, où un problème doit être immédiatement éradiqué, où le temps devient plus précieux que le souffle, quel plaisir de se situer en marge de ces normes !

La recherche constante de vitesse, d'économie de temps et d'accélération de toutes les prestations exerce une pression stressante parce qu'elle n'a pas de cesse. Comme nous évoluons dans des entreprises en mouvement et dans des contextes professionnels, rien n'est acquis. Les victoires d'un jour remportées sur le temps nous rendent déjà angoissés parce qu'elles sont éphémères : il faut toujours aller plus vite pour battre son record, économiser, réduire les coûts et mesurer ses investissements. Nous traitons notre emploi du temps comme nous traitons notre corps pendant un régime alimentaire pour maigrir. Nous nous imposons de renoncer au plaisir de la gastronomie et des bons vins.

Pourquoi devons-nous gérer notre temps sur un modèle unique, celui de la rationalisation ? Pourquoi respecter des normes qui nous stressent ?

Trouvons nos rythmes. Comme dans la musique, certains des passages de nos vies sont plus appropriés lorsqu'ils sont vécus « allegro », ou « lento » ou encore « largo ». C'est la variété des rythmes qui donne l'impression de dynamisme.

Développons notre lenteur. Cultivons-la. C'est en diffusant des images au ralenti que nous percevons ce qui se passe vraiment et que nous évitons l'illusion de ce que l'on croit avoir vu.

Gaspillons notre temps. Après avoir vécu des années de régime, visons notre plaisir. Nos ennemis d'hier deviennent nos alliés et nos résolutions se transforment en contraintes. La mesure et la durée ne pilotent plus nos investissements. Nous nous impliquons dans ce qui nous paraît être bon pour nous, quel qu'en soit le prix horaire. Les activistes deviennent suspects : que veulent-ils nous cacher ? À la logique de la rationalité, nous opposons le désordre, le nouveau, la création. Nous donnons sans compter, sans mesurer les résultats. Nous gagnons en confiance : à s'impliquer sans « régime minceur », nous rencontrons, nous bifurquons, nous suivons les autres et nous leur servons de repères.

Gaspiller son temps, c'est attirer à soi l'expression des différences des autres personnes. C'est se mettre en relation avec l'hétérogénéité et l'imprévisible.

Découvrons le plaisir de l'attente. Le plaisir de l'attente, c'est le développement du désir. L'objet convoité prend de l'importance, de la valeur. L'attente déforme la réalité de ce que l'on veut obtenir. Nous imaginons ce que l'on n'a pas. Le plaisir de l'image est parfois troublé par la réalité de l'objet lorsqu'il est disponible. C'est dommage.

Pour continuer à gérer « autrement », nous proposons aux professionnels d'apprendre à s'égarer et à accompagner les aventures quotidiennes.

Le plaisir de s'égarer, de ne rien planifier et d'aimer être interrompu

En effet, nous risquons de ne pas reconnaître les opportunités qui se présentent en chemin. Nous nous préservons de l'égarement et des impasses. Mais nous en payons le prix : nous ne trouvons que ce que nous cherchons. Ne peut-on concevoir qu'un voyage organisé réserve des surprises et des aventures ?

Pendant longtemps, la « gestion du temps » n'a eu de cesse d'expliquer comment se protéger des interrupteurs, de ceux qui nous « volent » du temps, et de préconiser la planification et la programmation comme outils fondamentaux. Mais la rencontre avec l'autre, n'est-elle qu'une interruption ? N'apporte-t-elle rien d'autre que du dérangement ? N'est-elle que désordre ?

Celui qui nous interrompt nous aide parfois à créer de l'innovation. Les rencontres ne sont pas systématiquement fécondes, certaines ne donnent rien. Le mélange ou le choc ne se produit pas. Cette rencontre infructueuse n'a pas d'importance, elle n'est qu'un détour sur un chemin fait de sinuosités, de marches arrière, d'avancées rapides. Rien n'était prévu, tout est ouvert.

La « gestion du temps » classique convient au monde professionnel de la rationalisation, du taylorisme, du contrôle et de la norme comme valeur. Elle propose des outils qui favorisent le repli sur soi. Elle s'empare des interactions en les transformant en interruptions et en dérangements. Elle postule qu'il n'y a rien de bon dans la rencontre imprévue, dans l'égarement, dans la rêverie et dans le gaspillage.

Cette conception du temps professionnel nous semble en dehors de son temps.

Vous saviez déjà que le temps c'est de l'argent et vous vous doutiez qu'il était aussi du pouvoir, du plaisir et du stress. Vous pensiez que le temps était une succession de minutes qui s'égrènent en ayant l'intuition que chaque minute ne ressemble à aucune autre. Le temps, c'est surtout de la santé. Il est de fait lié à la durée de notre vie. C'est donc un capital que nous devons faire fructifier au mieux. Ce serait dommage de s'en apercevoir trop tard.

Vous viviez peut-être les pressions du temps comme des contraintes, nous vous avons proposé de faire des choix et de donner du sens à votre temps. Vous n'avez ni plus, ni moins de temps qu'avant la lecture de ce livre mais nous espérons avoir contribué à mieux vivre avec. Il serait fort douloureux que vous gardiez toute votre existence des regrets du type : « Je n'ai pas osé faire ce que je savais que je pouvais faire et que j'avais envie de faire » ou « Je ne suis pas devenu celui ou celle que je voulais et pouvais devenir »… faute de temps.

RÉSULTATS DES TESTS ET DES AUTODIAGNOSTICS

✗ Corrigé du test du chapitre 1

Voici les types d'avantages qui correspondent aux affirmations.

S : sociaux. P : psychologiques. E : existentiels. B : biologiques.

Affirmations	S	P	E	B
Il faut gagner sa vie à la sueur de son front.			×	
J'ai besoin de « pression » pour être impliqué.				×
Je n'aime pas philosopher sur le sens de la vie.		×	×	
Je dois être disponible pour les autres.	×			
Il faut être souriant et faire plaisir aux autres.			×	
Je m'ennuie facilement quand je suis en manque d'actions.				×
Je préfère résoudre mes difficultés seul, il n'est pas question de passer pour un faible.	×		×	
J'adore tisser des liens avec les autres.		×		×
Je ne supporte pas les embouteillages aux heures de « pointe ».		×		×
Il y a tellement de choses à faire dans la vie qu'il convient de se dépêcher en permanence.			×	
Plus on s'élève dans la hiérarchie et plus il faut maîtriser les situations.	×		×	
J'adore improviser et trouver des idées nouvelles.		×	×	

✗ Corrigé du test du chapitre 2

Vous trouverez dans le tableau ci-dessous les critères correspondants aux expressions.

1 : effort physique
2 : charge mentale
3 : stress
4 : plaisir
5 : risque relationnel
6 : efficience probable
7 : capitalisation.

Liste d'expressions	1	2	3	4	5	6	7
1. Encore une réunion après 18 heures ! Notre manager ne semble pas savoir que trop, c'est trop !	×		×		×		
2. Cet échange peut vous paraître inutile sur l'instant mais produira ses effets à la longue.						×	
3. J'espère que je n'ai pas été trop violent dans mes propos. Mes mots ont dépassé ma pensée.					×		
4. Je ne pensais pas que cet entretien pourrait nous enrichir autant.				×			×
5. Encore le téléphone qui sonne inlassablement !			×				
6. Pendant que je rédige ce rapport, je vais me passer ce disque sur le lecteur de CD-Rom.				×		×	
7. L'avion a encore une heure de retard et, en plus, mon téléphone portable est déchargé !			×				
8. Cette grand-messe, c'est « langue de bois et compagnie ». De beaux discours, mais rien ne change.		×			×		
9. Ah, c'est trop ! Au moins une heure d'embouteillages après ces trois réunions !	×	×	×				
10. Avant de prendre cette décision, anticipons ses effets pervers.					×	×	

✗ Résultats de l'autodiagnostic du chapitre 4

Mettez 1 point pour les affirmations où vous avez coché « plutôt vrai ».

Faites ensuite le total des points par colonne.

Sois parfait pour lui		**Sois fort pour les autres**		**Fais plaisir**		**Sois parfait pour les autres**		**Fais des efforts**		**Sois fort pour lui**	
1		2		3		4		5		6	
12		11		10		9		8		7	
13		14		20		15		16		17	
18		19		25		21		22		23	
24		30		31		26		27		28	
29		35		36		32		33		34	
39		40		41		37		38		51	
43		44		45		42		50		53	
46		47		48		49		57		55	
52		54		58		56		60		59	
Total		**Total**		**Total**		**Total**		**Total**		**Total**	

La colonne dans laquelle vous cumulez le plus de points révèle votre profil dominant.

Nous vous invitons à prendre connaissance de ces caractéristiques pages suivantes.

Les différents profils

Messages contraignants et relation au temps

SOIS PARFAIT		
	Profil A. Sois parfait pour lui	**Profil B. Sois parfait pour les autres**
Comportements sans stress négatif	Logique, organisé, centré sur les faits, c'est-à-dire : – respecte les délais ; – structuration naturelle du temps ; – logique, s'organise bien ; – agenda bien tenu ; – se fixe des objectifs et les atteint ; – travaille de façon soignée ; – à l'aise dans les projets à moyen et long terme.	Observateur, consciencieux, attaché aux principes et aux valeurs, c'est-à-dire : – commence par les tâches sérieuses et difficiles ; – a besoin d'être convaincu pour s'investir dans une activité ; – atteint les objectifs qu'il se fixe ; – va jusqu'au bout.
Besoins psychologiques	De reconnaissance du travail De structuration du temps.	De reconnaissance du travail. De reconnaissance sur ses opinions.
Relation au temps	Anticipation. Monochrone.	Anticipation. Monochrone.
Comportements sous stress négatif	Fort, exige pour lui : – reporte les décisions par manque d'information ; – vérifie plusieurs fois ce qu'il fait ; – fait et refait plusieurs fois ; – emploi du temps trop précis et rigide ; – passe trop de temps sur un travail donné ; – ne délègue plus ; – perfectionniste ; – achète des livres de gestion du temps ; – passe à côté des opportunités ; – ressent un léger malaise en partant du bureau parce qu'il n'a pas bouclé le programme prévu.	Faible, exige pour lui et les autres : – idem sois parfait ; – vérifie plusieurs fois ce que font les autres ; – fait refaire plusieurs fois ; – ne voit plus que ce qui ne va pas.

	Profil A. Sois parfait pour lui	**Profil B. Sois fort pour les autres**
Comportements sous stress négatif	Très fort, état de défense, de lutte et adopte un comportement refuge, agressif : – se rigidifie dans les relations ; – supporte mal les retards, le non-respect de ce qui est prévu, la désorganisation ; – pinaille, surcontrôle ; – n'arrive pas à décrocher, ne met pas de limites temporelles au travail ; – va jusqu'au bout quoi qu'il en coûte ; – manque de disponibilité aux autres et à lui-même.	Très fort, état de défense, de lutte et adopte un comportement refuge, agressif : – impose sa gestion du temps ; – n'écoute plus ; – reproche aux autres leur manque de disponibilité et d'implication ; – s'obstine sur une activité jusqu'à l'enlisement.
Permissions et recommandations	– Exprimez votre créativité. – Soyez méthodique sans être perfectionniste. – Appliquez la loi de Pareto. – Profitez de l'instant présent. – Prenez le temps de ne rien faire. – Ayez un stock d'activités en attente pour les temps vides. – Mettez des limites à votre temps de travail. – Fixez-vous des délais lorsqu'il n'y en a pas. – Fêtez vos réussites. – Faites clarifier le niveau de qualité attendu par vos clients. – Intégrez les imprévus dans votre planification.	– Suivez les conseils donnés au logicien. – Clarifiez vos niveaux d'exigence. – Soyez tenace, pas têtu. – Adaptez-vous. – En dehors du travail, investissez-vous dans les choses auxquelles vous croyez.

SOIS FORT		
	Profil A. Sois fort pour lui	**Profil B. Sois fort pour les autres**
Comportements sans stress négatif	Adaptatif, saisit les opportunités, centré sur les résultats immédiats. C'est-à-dire : – saisit les opportunités ; – ne planifie pas ; – privilégie l'action ; – mets de l'énergie pour obtenir un résultat rapide.	Calme, posé, réfléchi : – s'engage après mûre réflexion ; – termine en temps voulu si on lui indique un délai.
Besoins psychologiques	De stimulation immédiate. De sécurité, testé dans les sensations fortes.	Solitude (temps et espace pour lui).
Relation au temps	Le présent. Polychrone.	Pas d'importance.
Comportements sous stress négatif	Fort, exige des autres : – montre des signes d'impatience, voire de l'agitation ; – fonce sans réfléchir ; – a des difficultés à fournir un travail de réflexion pendant une longue période ; – cherche à s'en sortir seul en cas de difficultés ; – se surmène ; – accepte plus d'activités qu'il ne peut en faire ; – vit en tension permanente ; – n'accepte pas ses propres limites ; – fait monter la pression : attend la dernière minute pour pouvoir produire et être créatif ; – n'aménage pas son environnement pour le rendre moins dur.	Fort : – privé de temps et de tranquillité, tendance à commencer plusieurs choses à la fois sans les terminer ; – n'a pas le temps de terminer ; – mène plusieurs choses à la fois ; – se disperse.

	Profil A. Sois fort pour lui	**Profil B. Sois fort pour les autres**
Comportements sous stress négatif	Très fort, état de défense, de fuite et adopte un comportement refuge, manipulateur : – demande aux autres de se débrouiller seuls ; – « Arrêtez de vous plaindre, vous me faites perdre mon temps » ; – « Débrouillez-vous pour gérer votre temps ! » ; – manipule les autres pour obtenir satisfaction par rapport à ses demandes ; – enfreint les règles de fonctionnement.	Très fort, état de défense, de repli et adopte un comportement refuge, passif : – attend passivement ; – se retire mentalement, voire physiquement ; – abandonne et commence une autre activité ; – a l'impression de ne pas pouvoir finir car il se vit comme trop lent ; – vit dans le regret du non-réalisé ; – se complaît dans les activités obligées ; – n'arrive pas à se fixer un objectif concret et à planifier les étapes ; – a des difficultés à prendre des initiatives ; – mal à l'aise pour planifier ses activités personnelles ou gérer les imprévus.
Permissions et recommandations	– Vous pouvez être puissant et en même temps avoir besoin d'aide. – Vous pouvez travailler avec les autres et vous mettre d'accord avec eux. – Faites confiance. Écoutez vos rythmes internes. – Considérez la gestion de votre temps comme un défi à relever. – Donnez-vous des sensations fortes dans vos activités extraprofessionnelles. – Fixez-vous des objectifs ambitieux en matière de gestion du temps.	– Entreprenez, fixez-vous des objectifs. – Vous avez le pouvoir de décider par vous-même. – Prenez du temps pour vous, pour vous isoler et vous ressourcer. – Investissez dans une activité manuelle ou artistique. – Partagez avec les autres.

	FAIS DES EFFORTS	FAIS PLAISIR
Comportements sans stress négatif	Spontané, créatif, ludique : – ne se projetant pas dans le passé ou le futur prend des risques, responsable de ses actes et de ses décisions ; – vit les horaires comme une contrainte ; – s'accommode bien des changements d'activité réguliers ; – commence par les activités plaisantes, ludiques avant de passer aux choses sérieuses ; – à l'aise dans les activités variées, à court terme, impliquant des contacts nombreux et fréquents.	Chaleureux, compatissant, convivial : – disponible ; – serviable ; – aidant ; – convivial
Besoins psychologiques	De contact ludique. De sécurité, testé par des comportements provocateurs.	De réalité d'être dans la relation. D'harmonie et de bien-être. Besoins sensoriels.
Relation au temps	Le présent. Polychrone.	L'anticipation. Polychrone.
Comportements sous stress négatif	Fort : – désordonné, bureau en fouillis ; – s'y reprend à plusieurs fois mais sans arriver à terminer ; – une activité est nécessairement pénible et difficile ; – râle ; – tendance à faire durer ; – fait plusieurs choses en même temps ; – instable.	Fort : – ne sait pas dire non ; – perd beaucoup de temps dans des contacts informels ; – se laisse envahir par toutes les demandes ; – suit les événements sans mettre un ordre de priorité ; – ne demande pas directement ce dont il a besoin ; – a des difficultés à prendre une décision qui mécontente et prend du temps pour chercher à contenter tout le monde.

	FAIS DES EFFORTS	FAIS PLAISIR
Comportements sous stress négatif	Très fort, état de défense, de fuite et adopte un comportement refuge, manipulateur : – provoque ; – blâme les autres, le contexte s'il n'arrive pas à gérer son temps ; – arrive en retard pour capter l'attention ; – a des difficultés à répartir les responsabilités ; – tergiverse dans ses décisions ; – attend que l'on fasse les choses à sa place.	Très fort, état de défense, de repli, subit et adopte un comportement refuge, passif : – « Je vais t'aider » ; – « Je n'ai pas de temps à moi, je n'ai pas les moyens, mais je vais tout de même te rendre service » ; – « Vous ne m'avez rien demandé mais je vous aiderai quand même » ; – « Je ne peux pas laisser les autres en plan, c'est plus fort que moi » ; – promet à tout le monde et n'arrive pas à tenir tous ses engagements ; – provoque des réactions de rejet ; – fait des erreurs : oublie des choses importantes ; – tout va bien mais cela ne va pas durer ; – tendance au pessimisme. Peur du lendemain.
Permissions et recommandations	Vous pouvez terminer. On peut réussir en s'amusant. Vous pouvez prendre vous-même en charge vos besoins et vos sentiments. Changez de rythme et de méthode. Découpez les projets en sous-projets, ne changez qu'après avoir terminé. Achetez un agenda original. Créez vos propres façons de faire. Amusez-vous en vous organisant.	Vous avez le droit d'avoir du temps pour vous et vos projets. Prenez soin de vous. Ressourcez-vous avec vos amis. Faites-vous plaisir.

✗ Résultats de l'autodiagnostic du chapitre 6

Attribuez le nombre de points correspondant aux réponses :

- notez 20 points si vous avez coché « tout à fait moi » ;
- 10 points pour « me ressemble » ;
- 5 points pour « légère tendance » ;
- 0 point pour « pas du tout ».

Additionnez ensuite vos résultats par tableau.

En supposant que vous avez mis des 20 et des 0, vous disposez ci-dessous d'une première grille d'analyse style par style.

Lorsque vous obtenez entre :

- **0 et 10 points dans un style**, vous n'êtes pas concerné par lui et vous ne disposez pas des ressources propres à ce style.
- **Entre 51 et 100 points**, le style de temps concerné est une ressource pour vous et vous en tirez toute son efficience pour gérer au mieux votre temps.
- **Entre 101 et 150 points**, vous en « faites trop » dans ce style de temps et vous tombez dans ses travers.

Page suivante, vous trouverez des indications par style.

Style relativiste

1			
7		36	
15		37	
16		50	
17		51	
25		52	
26		59	
35		60	

De 0 à 100 points : vous ne vous êtes pas donné pour l'instant un système de priorités qui vous permettrait de décider rapidement si vous devez ou non traiter un événement urgent. Vous ne voulez pas ou ne savez pas donner du sens à votre vie professionnelle.

De 101 à 220 points : vous savez distinguer l'urgent du prioritaire et vous choisissez de traiter d'abord les priorités. Vous ne vous laissez pas soumettre à la chronologie des événements et vous agissez en fonction de buts que vous vous êtes fixés en cohérence avec vos rôles professionnels. Vous gérez bien votre emploi du temps et vous savez vous défendre des urgences décrétées par les autres.

De 221 à 300 points : vous avez tendance à maintenir coûte que coûte vos priorités sans trop tenir compte des événements présents. À force de vouloir être votre propre maître du temps, vous risquez de manquer de flexibilité et de persévérer dans des impasses.

Style distancié

4			
6		30	
10		39	
11		40	
20		48	
21		49	
28		55	
29		56	

De 0 à 100 points : vous rencontrez deux types (l'une ou l'autre) de difficultés. Soit vous fixez des buts que vous avez du mal à partager

avec les autres pour les faire adhérer. Soit vous êtes si souple avec les autres que vous vous éloignez de vos buts.

De 101 à 220 points : vous êtes un fin stratège et vous savez faire partager vos visions aux autres. En cas d'urgence, vous savez prendre du recul et vous adoptez une attitude pédagogique avec les gens stressés et paniqués. Vous avez le sens de la synthèse, sachant ainsi orienter vos actions et celles des autres vers des buts prioritaires. Excellent négociateur, vous transformez conflits et problèmes en objectifs à réaliser en commun.

De 221 à 300 points : vous avez tendance à manipuler les autres en leur faisant miroiter uniquement les aspects positifs de vos projets d'avenir et des changements. Malgré des apparences chaleureuses, vous êtes taxé d'être distant, froid et calculateur. Vous n'écoutez pas vos interlocuteurs lorsqu'ils vous soumettent d'autres options que les vôtres.

Style associé

3			
5		32	
9		41	
12		42	
13		46	
19		47	
22		54	
31		57	

De 0 à 100 points : vous vous retrouvez seul face à vos urgences. Vous n'échangez pas avec les autres pour partager des solutions quant à votre gestion du temps et l'organisation de votre planning. Vous réinventez vous-même des solutions qui ont déjà été testées par d'autres, faute de leur demander.

De 101 à 220 points : vous êtes une ressource pour les autres. Vous rendez de nombreux services et vous les aidez à mieux gérer leur temps. Vous vous êtes fait une solide réputation d'homme ou de femme sachant résoudre des situations « limites » et urgentes, évitant ainsi des catastrophes dommageables à votre service ou entreprise.

De 221 à 300 points : vous vous laissez interrompre trop souvent par les autres, ce qui vous détourne de vos tâches prioritaires. Vous êtes submergé par les urgences des autres. Vous avez parfois le sentiment que vous rendez de nombreux services sans rien obtenir en retour. Votre temps est « haché menu ».

Style événementiel

2			
8		34	
14		38	
18		43	
23		44	
24		45	
27		53	
33		58	

De 0 à 100 points : vous vous sentez démuni devant les événements impromptus et les urgences. Vous manquez de réactivité et les problèmes s'accumulent sans être traités.

De 101 à 220 points : vous faites preuve de réactivité et vous êtes reconnu pour votre vitesse d'exécution. Vous avez une telle expérience du traitement des urgences que vous trouvez immédiatement des moyens de les surmonter là où beaucoup d'autres hésitent encore. Vous prenez des décisions rapides. Vous êtes capable de mener plusieurs tâches de front avec succès.

De 221 à 300 points : vos journées de travail sont longues et intenses. Vous avez l'impression d'être superactif et pourtant vous avez des doutes sur votre efficience. Lorsque vous êtes débordé par une série d'événements urgents, vous avez tendance à répéter les mêmes erreurs. Attention au stress.

Photographie de vos styles de temps

Après avoir analysé vos résultats style par style, ce tableau récapitulatif vous permet de comparer entre eux vos styles de temps et de reconnaître celui qui domine chez vous et celui que vous ignorez ou rejetez.

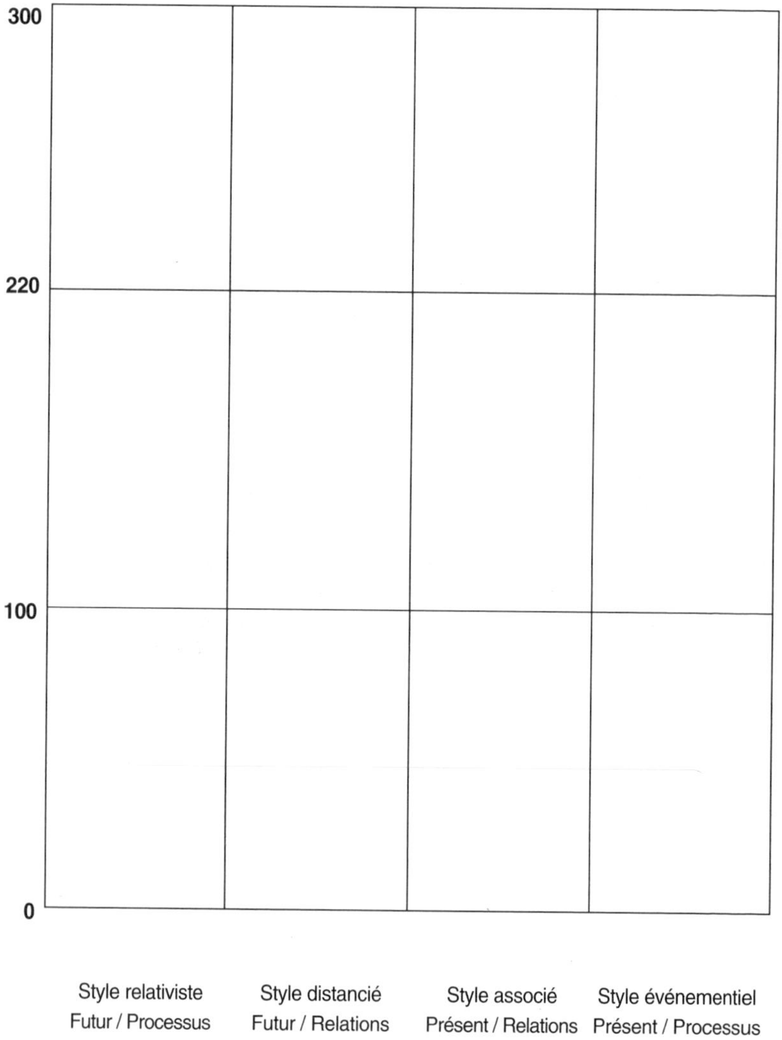

BIBLIOGRAPHIE

AIMELET-PÉRISSOL Catherine, *Comment apprivoiser son crocodile*, collection Réponses, Robert Laffont, 2002.

ALBERT Éric, *Comment devenir un bon stressé*, Odile Jacob, 1999.

ALTER Norbert, *La gestion du désordre dans l'entreprise, logiques sociales*, L'Harmattan, 1991.

ALTER Norbert, *L'innovation ordinaire*, PUF, 2000.

BRILMAN Jean, *Les meilleures pratiques du management*, Éditions d'Organisation, 1998.

CHAPEAU P., *Les clefs du juste à temps*, ESF éditeur, 1989.

COLLIGNON Gérard, *Comment leur dire*, Interéditions, 1994.

CROZIER Michel, FRIEDBERG Erhard, *L'acteur et le système*, Le Seuil, 1977.

CRUELLAS Philippe, *Le temps autrement*, ESF éditeur, 1999.

D'AHSEMBOURG Thomas, *Être heureux, ce n'est pas nécessairement confortable*, Éditions de l'Homme, 2004.

D'IRIBARNE Philippe, *La logique de l'honneur*, Le Seuil, 1989.

DÉLIVRÉ François, *Question de temps*, Interéditions, 1997.

DOUILLET David, *L'âme du conquérant*, Robert Laffont, 1998.

DRUCKER Peter, *Au-delà du capitalisme*, Dunod, 1993.

DULUC Alain, *Leadership et confiance*, Dunod, 2000.

ENRIQUEZ Eugène, *De la horde à l'État*, Gallimard, 1983.

ESNAULT Nathalie, MAIGE Christian, *Le manager équilibriste*, Dunod, 2001.

ETTIGHOFFER Denis, *Le travail au XXIe siècle*, Dunod, 1995.

ETTIGHOFFER Denis, BLANC Gérard, *Le syndrome de Chronos, du mal de travailler au mal de vivre*, Dunod, 1998.

GENELOT Daniel, *Manager dans la complexité*, INSEP éditions, 1992.

Grand dictionnaire de la psychologie, Larousse, 2002.

HAMMER et CHAMPY, *Le reengineering*, Dunod, 1993.

JARROSSON Bruno, *Brisons la dictature du temps*, Maxima, 1996.

JARROSSON Bruno, *100 ans de management*, Dunod, 2000.

LABORIT Henri, *Biologie et structure*, Gallimard, 1968.

LAINE Catherine, PORTANERY Emmanuel, ROY Étienne, *Révélez vos talents de leader*, ESF éditeur, 2003.

LANDIER Henry, *Vers l'entreprise intelligente*, Calmann-Lévy, 1991.

LEDRU et MICHEL, *Capital compétence dans l'entreprise*, ESF éditeur, 1991.

MACK Manfred, *L'impératif humain*, Masson, 1992.

MINTZBERG H., *Grandeur et décadence de la planification stratégique*, Dunod, 1994.

MULLER Jean-Louis, BALTA François, *La systémique avec les mots de tous les jours*, ESF éditeur, 2004

MULLER Jean-Louis, DÉROUET Gilda, CATRY Claudine, *De l'analyse transactionnelle à l'action transactionnelle*, ESF éditeur, 2000.

NIZET J., HUYBRECHTS C., *Interventions systémiques dans les organisations, intégration des apports de Mintzberg et de Palo Alto*, De Boeck Université, 1999.

PALMER THOMPSON Edward, *Temps, travail et capitalisme industriel*, Payot, 1979.

ROUSTANG François, *Il suffit d'un geste*, Livre de poche, 2004; *La fin de la plaine*, Odile Jacob, 2001.

SENGE Peter, GAUTIER Alain, *La cinquième discipline*, First édition, 1991.

SÉRIEYX Henry, *Le big bang des organisations*, Calmann-Lévy, 1995.

SERVAN-SCHREIBER Jean-Louis, *L'art du temps*, Fayard, 1983.

STALK et HOUT, *Vaincre le temps*, Dunod, 1993.

T. HALL Edward, *La danse de la vie, temps culturel, temps vécu*, Le Seuil, 1983.

TREHOREL Yannick, *Gagner du temps*, ESF éditeur, 1991.

Livres en anglais

COVEY S. R., *Seven Habits of Highly Effective People*, Miniature edition, 2004.

DRUCKER P. F., *The essential Drucker*, HarperBusiness, 2003.

GOLEMAN D., *Primal leadership*, Harvard Business School Press, 2004.

HAMMER M., *Beyond reengineering*, Harper Collins Publishers, 1996.

HOLBECHE L., *Change leadership*, Elsevier Publishing Company, 2004.

KOTTER J. P., *Leading change*, Harvard Business School Press, 1996.

MASLOW A., *Motivation and personality*, Harper and Bros, 1954.

NONAKA I., TAKEUCHI H., *The knowledge creating company*, Oxford University Press, 1995.

SCHUTZ W., *The human element*, Jossey Bass Publisher, 1994.

STEWART T., *Intellectual capital*, Currency Doubleday, 1997.

WOMACK James P., Jones Daniel T., *Lean thinking : banish waste and create wealth in your corporation*, Simon and Schuster, 1995.

Dans la collection « Guides pratiques de la CEGOS »

À L'ORAL RIEN D'IMPOSSIBLE
Bruno Barjou, Bertrand Mallat

L'ANALYSE DE LA VALEUR
Christie Ravenne

ANIMER, DIRIGER UNE ÉQUIPE
Monique Selles, Jean-Pierre Testa

COMMUNIQUEZ AVEC AISANCE
Bruno Barjou

COMMUNIQUEZ EN SITUATION DE CRISE
Jean-François Moine, Josette Colombo

DE L'ANALYSE TRANSACTIONNELLE
À L'ACTION TRANSACTIONNELLE
Claudine Catry, Gilda Derouet, Jean-Louis Muller

DU BON USAGE DES ÉMOTIONS AU TRAVAIL
Catherine Lainé, Étienne Roy

L'ÉCRITURE SANS PEUR ET SANS REPROCHE
Michel Robert, Élisabeth Lesbats

EXERCEZ VOTRE AUTORITÉ AVEC DIPLOMATIE
Claudine Catry, Jean-Louis Muller

FAIRE SON PROJET PROFESSIONNEL
Christie Ravenne

GAGNER DU TEMPS
Yannick Trehorel

LIRE, SOYEZ RAPIDE ET EFFICACE
Michèle Bedouet, Frédérique Cuisiniez

LE MANAGER DÉVELOPPEUR DE COMPÉTENCES
Nathalie Esnault

LES NOUVEAUX STYLES DE MANAGEMENT
Jean-Louis Muller

ORGANISER ET FAIRE VIVRE LE CLASSEMENT
Christine Harachc, Martine Launet

ORGANISER LA CROISSANCE
DE L'ENTREPRISE
Olivier Couly, Pascal Laugel, Myriam Martin, Frédéric Vendeuvre

LA PNL AVEC LES MOTS DE TOUS LES JOURS
Alain Duluc, Jean-Louis Muller, Antoine Pina, Frédéric Vendeuvre

LA QUALITÉ, SIMPLE ET EFFICACE
Florence Gillet-Goinard, Bernard Seno

LA QUALITÉ TOTALE
Bénédicte Gautier, Jean-Louis Muller

RÉUSSIR VOS INTERVENTIONS EN PUBLIC
Jean-François Moine, Josette Colombo

RÉUSSIR VOS ENTRETIENS PROFESSIONNELS
Bernard Diridollou

RÉUSSISSEZ VOS ACTIONS DE FORMATION
Frédérique Cuisiniez, Ghuyslaine Roy-Lemarchand

RÉUSSISSEZ VOS RÉUNIONS
Bruno Barjou, Frédérique Cuisiniez

RÉVÉLEZ VOS TALENTS DE LEADER
Catherine Lainé, Étienne Roy, Emmanuel Portanéry

LE RÔLE FORMATEUR DE L'ENCADREMENT
Philippe Auriol

SAVOIR DÉCIDER
Christie Ravenne

SECRÉTAIRES ET ASSISTANTES,
DYNAMISEZ VOTRE RÉUSSITE
Odile Cavalade

S'ESTIMER POUR RÉUSSIR
Élisabeth Couzon, Agnès Nicoulaud-Michaux

SOYEZ UN STRESSÉ HEUREUX
Élisabeth Couzon, Françoise Dorn, Virginie Guichoux

LES STRATÈGES DU TEMPS
Jean-Louis Muller, Fabrice Rosina, Monique Sellès, Jean-Pierre Testa

LA SYSTÉMIQUE AVEC LES MOTS
DE TOUS LES JOURS
François Balta, Jean-Louis Muller

UTILISER TOUTES LES CAPACITÉS
DE VOTRE CERVEAU
Dominique Chalvin, Christine Rubaud

Dans la collection « Essais de la CEGOS »

DÉVELOPPEMENT DURABLE
Octave Gélinier, François-Xavier Simon, Jean-Pierre Billard, Jean-Louis Muller

MOTIVER AUJOURD'HUI, C'EST POSSIBLE !
Olivier Carré, Nathalie Esnault, Jean-Louis Muller

CONDUIRE LES NÉGOCIATIONS SOCIALES AUTREMENT
Lydia David

Notes personnelles

Notes personnelles

ACHEVÉ D'IMPRIMER EN AOÛT 2005 SUR LES PRESSES DE CORLET, IMPRIMEUR, S.A.
14110 CONDÉ-SUR-NOIREAU - NUMÉRO D'ÉDITION : 3080 ED 2880
DÉPÔT LÉGAL : AOÛT 2005 – NUMÉRO D'IMPRESSION : 86433

Imprimé en France